**Clemens Emmler,** freier Fotograf, hat ein Faible für Reiseziele der südlichen Hemisphäre. In Down Under war er schon häufig unterwegs.

Die Reisejournalisten **Bruni Gebauer und Stefan Huy** bereisen Australien seit 1988 jedes Jahr mehrere Monate lang. Sie begeistern sich für die smarte Lebensart an den Küsten und abenteuerliche Aufenthalte im Outback.

## Liebe Leserinnen, liebe Leser!

Wenn Sie in Australien in einem Pub stehen und zufrieden ihren Bierdurst löschen, neben Ihnen aber das Wort „sissy" fällt, dann ist etwas schiefgelaufen. Dann trinken Sie wahrscheinlich Ihr Bier aus einem Glas statt direkt aus der Flasche. Und damit sind Sie alles andere als ein „mate", ein ganzer Kerl, der üblicherweise nicht mal an ein Bierglas denken würde. Sie als Glasbenutzer fallen leider in die Kategorie „sissy", Weichling. Wie Sie sich im Pub sonst noch als „sissy" outen können, erfahren Sie in unserem DuMont Thema auf den S. 44 ff., dort gibts einen regelrechten Pub-Knigge und dazu ein Pub-Sprachlexikon, das weiterhilft.

### Faszination im Innern des Kontinents
Australien hat aber natürlich neben dieser und anderen kleinen Kuriositäten vor allem Großartiges zu bieten. Überwältigende Landschaften, eine grandiose Tierwelt – und endlose Weiten. Mitten in einer großen hitzeflirrenden Ebene erhebt sich der Ayers Rock, der Uluru der Aborigines, die ihn als heiligen Ort verehren und den sogar die hartgesottenen Outback-Typen respektieren. Wie der Alltag hier im Outback aussieht, welche kulturellen Kontraste es in dieser Abgeschiedenheit gibt, wie unkonventionell und entspannt man miteinander umgeht und wo die Outback-Kinder ihr Schulwissen erlangen – das alles erzählt William Newman, stellvertretender Leiter der School of the Air, im Interview auf S. 74 ff. Nur so viel sei schon verraten: Die Lehrer müssen reisefreudig sein!

### Jesus Birds und Kängurus
Für Tierliebhaber haben wir zwei besondere Tipps auf unseren DuMont-Aktiv-Seiten: die Vogelschau im Kakadu National Park, wo man Kingfisher und Jesus Birds zu sehen bekommt, und „Dates mit Delfinen" – Segeltörns mit Delfinbeobachtung oder die Delfinfütterung am Strand von Monkey Mia. Und natürlich lassen wir Sie auch wissen, wo Sie Krokodile, Kängurus und Koalas entdecken und beobachten und Genaueres über ihre Lebensumstände erfahren können.
Herzlich Ihre

Birgit Borowski
Programmleiterin DuMont Bildatlas

## 66–81
## TIERREICH

*Känguru und Krokodil – die Begegnung mit ihnen in der freien Wildbahn ist möglich. Auch zahme Delfine gehören zum Naturprogramm.*

## 82–97
## ÜBERWÄLTIGENDE NATUR

*Zum Welterbe gehört so manche Stätte auf dem fünften Kontinent – auch der grandiose Kakadu National Park zählt dazu.*

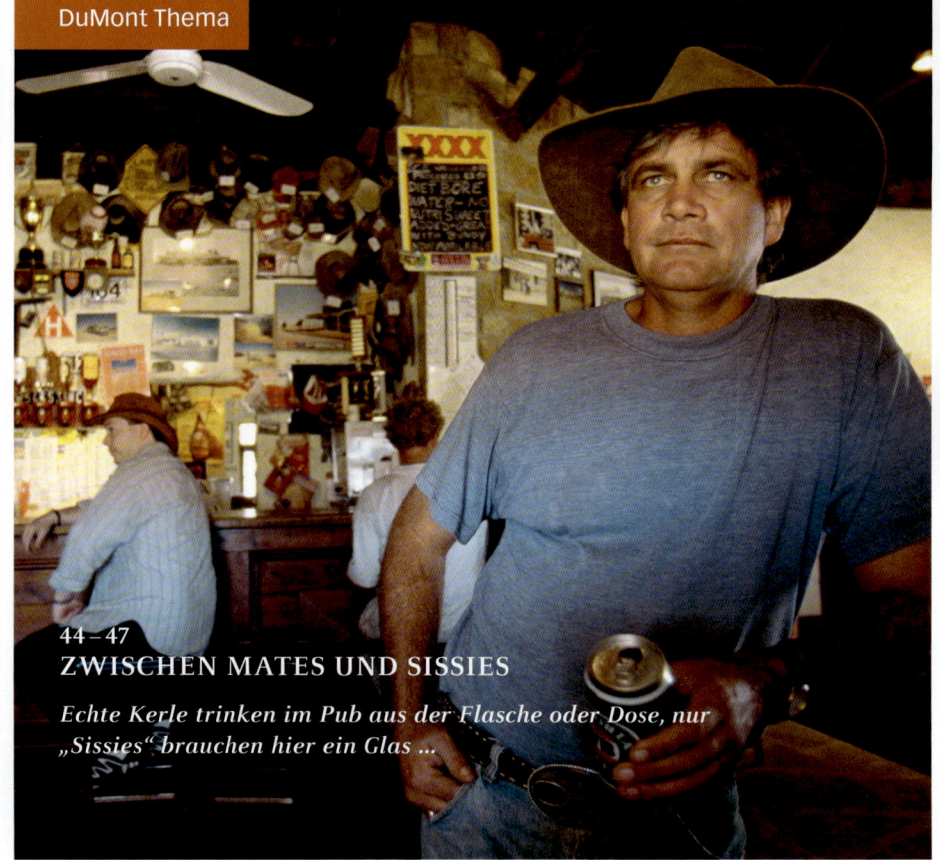

### DuMont Thema

## 44–47
## ZWISCHEN MATES UND SISSIES

*Echte Kerle trinken im Pub aus der Flasche oder Dose, nur „Sissies" brauchen hier ein Glas ...*

### DuMont Thema

## 60–61
## SO SCHMECKT'S

*Emu, Känguru und Krokodil – Fleisch aus Zuchtbetrieben kommt in fantasievollen Variationen auf den Tisch.*

# Topziele

Die bedeutendsten Ziele in Australiens Westen und Süden auf den Gebieten Natur, Kultur und Aktiv haben wir hier für Sie zusammengestellt. Auf den Infoseiten ist das jeweilige Highlight mit ▶ TOPZIEL gekennzeichnet.

## NATUR

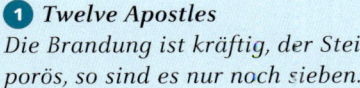

**1 Twelve Apostles**
Die Brandung ist kräftig, der Stein porös, so sind es nur noch sieben.
**Seite 33**

**2 Kangaroo Island**
Geschützte Natur pur auf Kangaroo Island. Auf der Insel konnten sich Pflanzen und Tiere ungestört entwickeln.
**Seite 64**

**3 Uluru (Ayers Rock)**
Im roten Zentrum des Kontinents betören der heilige Berg der Aborigines und die Kata Tjuta-Felsformationen.
**Seite 80**

**4 Kakadu National Park**
Wasserführende Schluchten bieten Tieren und Pflanzen Lebensraum.
**Seite 96**

## AKTIV

**5 Grampians**
Im Nationalpark gibt es einsame Wanderrouten mit tollen Ausblicken.
**Seite 33**

**6 Cradle Mountain – Lake St. Clair National Park**
Bei der Wanderung auf den Mt. Ossa ist man der Natur ganz nahe.
**Seite 50**

**7 Kanutour**
Steil ragen die Wände der Schlucht am Katherine River empor, über den man per Kanu tief in die Wildnis gelangt.
**Seite 97**

**8 Ningaloo Reef**
Paradiesische Zustände für Taucher und Schnorchler, denn der Rummel am Riff hält sich in Grenzen.
**Seite 110**

## KULTUR

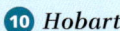

**9 Melbourne**
Melbourne bezaubert als Stadt und mit dem kulturellen Angebot, Museen vermitteln die Kunst der Aborigines.
**Seite 33**

**10 Hobart**
Salamanca Place scheint wie geschaffen für eine Pause beim Rundgang.
**Seite 49**

# KÜSTEN MIT WEITEN STRÄNDEN

*Der Felsen hat schönstes Rot aufgelegt, am Cape Leveque ganz im Norden des australischen Kontinents. An der Küste hier locken grandiose Strände, die sich endlos am Wassersaum entlangziehen. Die Ostküste Australiens hingegen zieht Surfer an, die auf ihren Brettern übers Wasser jagen.*

## LEGENDEN DER TRAUMZEIT

*Felsen im Arnhem Land tragen Zeichnungen der indigenen Bevölkerung Australiens, deren Motive eng mit den Mythen der Traumzeit verbunden sind: In der Vorstellungswelt der Aborigines versahen ihre Vorfahren – überirdische Wesen in menschlicher oder tierischer Gestalt – während der Traumzeit alle Naturerscheinungen wie Regen, Wasserlöcher, Höhlen, Felsen und Bäume mit spiritueller Bedeutung. Die Symbole auf den kultischen Objekten verkörpern die spirituellen Kräfte der Traumzeit und bestimmen zugleich das rituelle Geschehen der ihnen zugeordneten Stammesgemeinschaft.*

## GUT GELAUNTE MEGACITYS

*Melbourne, vom Business beherrscht? So will es vielleicht die moderne Architektur aus Stahl und Glas glauben machen. In der Millionenstadt aber verbinden sich Verwaltung, Kultur und Aussie-Lebensfreude zu einer einmaligen Melange.*

## QUERFELDEIN ÜBERS LAND

*Ohne 4WD (Four Wheel Drive) geht es nicht, will man Pisten und kleinere Straßen unter die Räder nehmen. Und das ist doch auch das Ziel, hier in den Weiten des fünften Kontinents: Abseits der Highways und gepflasterten Straßen durch atemberaubende Landschaften zu herrlichen Stränden, Nationalparks, kleineren Orten zu gelangen.*

## AUFREGENDER ARTENREICHTUM

*Kängurus brauchen die weite Grassteppe Australiens, die sie auf ihren Hinterbeinen hüpfend überwinden. Was gerade mal daumengroß geboren wird, kann eine Größe von weit über einem Meter erlangen. Doch die Fauna Australiens hat eine schier unendliche Vielfalt zu bieten – Koalas, Leistenkrokodile und ungezählte Vogelarten sind hier zu bewundern, und natürlich am Ningaloo Reef eine wahre Unterwasserwunderwelt.*

# NATÜRLICH STRUKTURIERT

*Was wie ein abstraktes Gemälde wirkt, hat der King River in Australiens Westen gezeichnet. In großen Schleifen, umgeben von Mangroven, mäandriert er dem Ozean zu, in den er sich bei Wyndham ergießt.*

# Stadteleganz an aufregender Küste

*Als zweitkleinster Bundesstaat Australiens zeigt Victoria mit der Metropole Melbourne überraschende Größe. Die Stadt wiederum hat – gemessen an australischen Dimensionen – eine erstaunliche Nähe zur pittoresk geformten Küste entlang der berühmten Great Ocean Road, zur Raddampfer-Romantik auf dem Murray River und auch zum Ski-Spaß an den im Winter schneebedeckten Hängen der Snowy Mountains.*

Coole Architektur am Federation Square in Melbourne in sommerlicher Hitze.

Das lebendige Melbourne hat viele Orte, an denen man gerne etwas verweilt: auf Plätzen wie jenem am Royal Exhibition Building (oben rechts), vor der futuristischen Architektur des Federation Square (rechts) oder auch in einem Shoppingcenter (ganz oben).

Aus höchster Höhe hat man vom Glas-Erker im Eureka Tower einen herrlichen Blick über die Stadt Melbourne.

*Melburnians haben allen Grund, ihre Besucher selbstbewusst zu empfangen.*

Melbourne ist die zweitgrößte Stadt des Kontinents – nach Sydney. Was anhaltend für ein gespanntes Verhältnis gegenüber der ewigen Erzrivalin sorgt. Dass weder Melbourne noch Sydney – trotz eifriger Bestrebungen beiderseits – als australische Hauptstadt reüssierten und schließlich eine geschichtslose Retortensiedlung namens Canberra zum Regierungssitz gekürt wurde, hat den gegenseitigen Eifersüchteleien kein Ende bereitet.

### MELBOURNE MUSS MAN MÖGEN

Dabei haben die Melburnians allen Grund, ihre Besucher selbstbewusst zu empfangen. Denn die Stadt hat einen ganz einzigartigen Charme: Unbändige Aussie-Lebensfreude paart sich hier mit traditionell englisch-konservativem Lebensstil. Eine interessante Mischung, die sowohl für anspruchsvolle Kultur- und Bildungsangebote als auch für kulinarische Genüsse und nächtliches Amüsement sorgt. Über 3000 Restaurants mit Speisekarten aus aller Herren Länder haben Melbourne zu Australiens Gourmet-Treff Nr. 1 gemacht. Wer Pizza, Pasta und andere italienische Spezialitäten bevorzugt, isst im Stadtteil Carlton, rund um die Lygon Street, richtig. Asiatische Küchen konzentrieren sich in Chinatown auf der zentralen Little Bourke Street – vietnamesische Restaurants ausgenommen, die haben sich auf einem Abschnitt der Victoria Street separiert.

Und auch rasante Sportereignisse gehören untrennbar zum Bild der Stadt. Wenn auf dem Flemington Racecourse im November der Startschuss zu dem populärsten Pferderennen Australiens, dem Melbourne Cup, fällt, hält die gesamte Nation den Atem an und lässt mancherorts die Arbeit liegen.

### GOLDENE VERGANGENHEIT, GLÄNZENDE GEGENWART

Imposante Architektur des 19. Jahrhunderts zeugt in der Innenstadt vom frühen Wohlstand der damaligen Colony of Victoria. Bereits 1849 war ein Schafhirte mit schweren Goldklumpen im Beutel in Melbourne aufgetaucht. Im Hinterland, etwa 100 Kilometer nordwestlich, habe er die Nuggets gefunden. Ein Schwarm Glücksritter wollte der Sache prompt auf den Grund gehen, wurde aber von den dortigen Viehzüchtern vertrieben. Zwei Jahre sollte es noch dauern, bis das Goldfieber vollends in Victoria ausbrach.

Im Verlauf des Jahres 1852 gingen im Hafen von Melbourne wöchentlich an die 1800 Menschen an Land. Die Bevölkerung Victorias wuchs sprunghaft Melbourne stieg als Umschlagplatz der

Harmonisches Miteinander von Alt und Neu in Melbourne

Ganz relaxt in der Metropole Melbourne

Goldfunde zur Finanzmetropole des Kontinents auf. Nur allzu gerne wurde der plötzliche Reichtum im Stadtbild zur Schau gestellt: Breite Boulevards, flankiert von viktorianischen Prachtbauten, monumentalen Steinfassaden und prunkvollen Kirchen markieren bis heute den rechtwinklig angelegten Grundriss im Zentrum, um den gepflegte Parks und die recht ausgedehnten Royal Botanic Gardens grünen und blühen.

Keine schlechte Idee ist es, die Stadtbesichtigung mit einer Bootsfahrt auf dem Yarra River zu beginnen. Zumindest sollte man in die ruhigen Wasser der inzwischen extravagant hergerichteten Docklands vorstoßen, wo herunter-

## Melbourne stieg als Umschlagplatz der Goldfunde zur Finanzmetropole auf.

gekommene Hafenanlagen zu schicken Appartement-Komplexen mit angesagter Restaurant- und Ausgehszene gestylt werden. Vor allem an der Southbank beeindruckt die Architektur als stolze Parade gläserner Hochhäuser, mondäner Einkaufs- und Vergnügungszentren – als Kulisse zum Flanieren wie geschaffen.

### NOSTALGIE IM HINTERLAND
Einstige Boomtowns wie Bendigo, Castlemaine oder Creswick halten die Erinnerung an die kurzen goldreichen Zeiten beinahe genüsslich wach: Besucher können durch liebevoll restaurierte Straßenzüge lustwandeln, niedliche Museen und alte Minen besichtigen und Gerätschaften ausleihen, um selber auf Goldsuche zu gehen – tatsächlich kann man hier und da noch fündig werden. Auch Ballarat, wo 1858 der mit 62 Kilo zweitgrößte Nugget Australiens gefunden wurde, demonstriert nostalgischen Glanz, vor allem im Freilichtmu-

Schon mehr als hundert Jahre begegnen sich Reisende an der Flinders Street Station.

Nur keine Hektik beim Einkauf in den Queen Victoria Markets

Zählen Sie mal nach! Vielleicht hat wieder einer der 12 „Apostel" in der harschen Brandung des Ozeans schlappgemacht.

Jeder andere Name wäre wohl unpassend: Balconies in den Grampians.

Bell's Beach ist häufig nur etwas für absolute Könner im Surfen

Special BRÄNDE

# Sommerliche Feuersbrünste

**Der erste Großbrand auf australischem Boden am 6. Februar 1851 ist als „Black Thursday" registriert. Nach langen Trockenperioden werden die Waldgebiete Australiens auch heute von verheerenden Feuern heimgesucht.**

In dichter besiedelten Regionen droht stets Gefahr, dass sich die Flammen rasch bis zu den Wohngebieten durchfressen. Im Januar und Februar 2009 erlebte Australien eine der größten Naturkatastrophen der jüngeren Geschich-

Immer wieder im Sommer: Feuerwalzen

te. Heiße trockene Winde und vereinzelte Selbstentzündung wie auch Brandstiftung ließen Buschbrände außer Kontrolle geraten. Betroffen war vor allem der Südosten, wo vielerorts Temperaturen von über 40 °C gemessen worden waren. Schon ein Blitzschlag konnte Feuerwalzen losschicken, die mit Geschwindigkeiten von bis zu 50 km/h durch die ausgedörrte Vegetation rollten.

seum Sovereign Hill. Aber die freundliche Kleinstadt hält dabei anschaulich ein ganz dunkles Kapitel der Vergangenheit aufgeschlagen. Denn im Jahre 1854 wurde hier ein Massenaufstand der Goldschürfer von Regierungstruppen blutig niedergeschlagen. Die Digger hatten gegen überhöhte Gebühren für Schürfrechte protestiert und sich schließlich unter ihrer Flagge („Kreuz des Südens" auf blauem Grund) im benachbarten Eureka verbarrikadiert. Bei der Trauer um die 29 Toten ahnte damals niemand, dass dieser Aufstand zum Auftakt einer Reihe politischer und sozialer Reformen werden sollte.

### EINFACH GROSSARTIG: GREAT OCEAN ROAD

Über 300 Kilometer misst die berühmte Panorama-Route entlang der Südküste, die tollsten Ausblicke und Erlebnisse werden zwischen Anglesea und Peterborough geboten. „Serious Surfers" rühmen die Strände hier, hartgesottene Wellenreiter, deren Fußsohlen die Boards mit Saugnäpfen zu halten scheinen und die selbst bei schlechtem Wetter und stürmischer Brise ins Wasser gehen. Dann ist die Elite unter sich. Es tobt der Wind, aufschäumende Wogen krachen unaufhaltsam gegen die schroffen Kalksteinmassive: „Twelve Apostles" heißen sie, nach wie vor. Und täuschen somit darüber hinweg, dass hier an der Küste brachiale Brandung unablässig an der kontinentalen Landmasse nagt. Einige der Felsen hat sie bereits zu Fall gebracht, den bisher letzten am 25. September 2009 – da waren es nur noch sieben. Alle paar Kilometer gewähren Abzweige von der streckenweise sehr kurvigen Great Ocean Road atemberaubende Ausblicke auf die zerklüftete Küstenlandschaft, die im westlichen Teil als Shipwreck Coast zweifelhaften Ruhm genießt. In der zweiten Hälfte des 19. Jahrhunderts, als an exponierten Stellen noch keine Leuchtfeuer vor den gefährlichen Klippen warnten, liefen mehr als 80 Schiffe auf Grund.

Traditionen werden im Freilichtmuseum in Warrnambool gepflegt.

Grasbewachsen ist das Dach des New Parliament House in der Hauptstadt Canberra.

Nächtliche Stille hat sich über das Flaggstaff Hill Museum in Warrnambool gesenkt, das viel über die Seefahrt zu vermitteln weiß.

Eine Fahrt in einem Boot über den Murray River hat viel Charme.

## SCHROFF: THE GRAMPIANS

Fernab der Küste überragen mit einem Mal gezackte Bergrücken die sich weit ausstreckende Ebene: eine einzigartige Natur-Oase. Am besten Sie kommen im Frühling, zwischen September und November, wenn zwischen felsigen Hängen erblühte Wildblumen sich zu einem farbenprächtigen Patchwork fügen. Die ansässigen Aborigines vom Stamm der Koori erleben das seit Jahrtausenden. Gariwerd nennen sie das unwegsame Bergland, wo zahlreiche Felsmalereien seit jeher die uralte Präsenz der australischen Ureinwohner dokumentieren und heute das Brambuk Aboriginal Cultural Centre in Halls Gap Besuchern faszinierende Einblicke in Historie und Mythologie gewährt.

## LEBENSADER MURRAY RIVER

Der mit 2570 Kilometer längste Strom Australiens fließt durch den Südosten. Was in den australischen Alpen südlich von Australiens höchstem Berg – dem Mount Kosciuszko – als erfrischend gurgelnder Gebirgsbach entspringt, mäandert im Mittellauf als Grenzfluss zwischen Victoria und New South Wales geräuschlos und trübe durch aufgeheizte Steppe. Er wird zwecks künstlicher Bewässerung mehrfach aufgestaut, um schließlich in breiten Mäandern zur Mündung in den Southern Ocean ent-

lassen zu werden. Erst gegen Ende des 19. Jahrhunderts wurde das damals noch nicht versiegen wollende Wasserreservoir des Murray River professionell angezapft. William und George Chaffey, zwei Brüder aus Kanada, waren es, die um die heutige Kleinstadt Mildura das erste groß angelegte Bewässerungssystem schufen. Seitdem grünt und blüht es an den Ufern – dem Wüstenklima zum Trotz –, in den Vorgärten wuchern Rosenbüsche, auf den Plantagen gedeihen selbst Zitrusfrüchte und auf Weinfeldern tragen die Reben schwer an saftigen Trauben. Dazwischen lässt der Murray River seinen Freizeit-Charme mit nostalgischen Rundfahrten auf historischen oder nachgebauten Schaufelraddampfern (Paddle Steamer) spielen – daher auch der Beiname „Mississipi Australiens".

## HAUPTSTADTFRAGEN

Hätte Volkes Stimme entschieden, wäre Canberra heute sicherlich nicht Regierungssitz der Nation. Die küstenferne Stadt im einsamen und winterkalten Hochland der Great Dividing Range würde gar nicht existieren, vermutlich noch nicht einmal als unbedeutendes Provinznest langweilen. Doch die Regierenden im Jahre 1908 waren den eitlen Wettstreit zwischen Melbourne und Sydney leid und entschieden sich für eine salomonische Lösung: Knapp 2400 Quadratkilometer, weit genug entfernt von beiden schmollenden Metropolen, wurden zum Australian Capital Territory (ACT) erklärt, mit Canberra als nagelneuer Hauptstadt mittendrin.

Richtig Mühe gegeben hat sich der eigens aus Amerika herbeigerufene Architekt Walter Burley Griffin. Eine symmetrisch angelegte Gartenstadt hatte er

# *Der Murray River entspringt als sprudelnder Gebirgsbach.*

im Kopf, als er am Reißbrett durch Achsen verbundene konzentrische Kreise rund um einen künstlichen See entwarf. Doch es sollte noch 1927 werden, bis Regierung und Parlament hier in zunächst provisorische Bauten einziehen konnten. Inzwischen macht Canberra richtig Staat mit seinen Attraktionen.

# Mit der Dürre leben

*Nach der Antarktis gilt Australien als trockenster Kontinent der Erde. In weiten Teilen im Landesinnern herrscht Wüstenklima. Und im Süden sind die Sommermonate so gut wie niederschlagsfrei. Wehe, wenn hier mal wieder eine der berüchtigten Dürreperioden über Jahre anhält.*

Die letzte Trockenzeit war zugleich die bisher längste. Sieben Jahre, bis etwa 2009, dauerte die sogenannte Jahrtausenddürre. Ein dramatischer Rekord, wie die neuzeitlichen Wetteraufzeichnungen Australiens belegen. Besonders davon betroffen war das Binnenland von Victoria und South Australia, aber auch an den Küsten, vor allem im Umfeld der Großstädte, kam es zu akutem Wassermangel.

Das Schlimmste ist inzwischen überstanden. Die Regierung Victorias hat längst die Rasenflächen der öffentlichen Sportanlagen wieder zum Bewässern freigegeben und in der Kleinstadt Swan Hill dürfen die Vorgärten zumindest stundenweise gesprengt werden. Von der stufenweisen Lockerung der strengen „Water Restrictions" profitiert auch der idyllisch am Ufer des Murray River gelegene Campingplatz. Sein Besitzer Philip Camm ist ein passionierter Hobby-Gärtner, er darf nun wieder auf saftig sprießendes Grün hoffen, nachdem der Kampf um jeden ohnehin künstlich bewässerten Grashalm schon verloren schien.

### DROHENDE BRACHFLÄCHEN

Denn hier im semi-ariden Innern des Bundesstaates würde ohne „Artificial Irrigation"

Dämme, die kein Wasser mehr zurückhalten müssen, Schafe, die auf dem staubigen Boden nach etwas Grün suchen – die Trockenperioden machen dem Kontinent zu schaffen.

Ohne Wasser weder Ackerbau noch Viehzucht, der Südosten des Kontinents droht zu veröden.

überhaupt nichts sprießen, das ganze Jahr über nicht, also keinerlei Landwirtschaft, weder Obstanbau noch Rebfelder. Ein ebenso ausgeklügeltes wie altbewährtes System der Wasserversorgung treibt seit über 100 Jahren Leben in den ausgetrockneten Boden. Als Quelle dient der Murray River. Doch selbst dem längsten Fluss Australiens geht langsam das Wasser aus. Überhaupt ist das gesamte Murray-Darling-Flusssystem dabei zu versiegen. Andererseits entfällt an die 70 Prozent des Wasserverbrauchs im Land allein auf die Landwirtschaft. „Das darf so nicht weitergehen", mahnen sowohl Ökologen als auch Ökonomen. Letztere halten es angesichts der steigenden Bevölkerungszahl sogar für sinnvoll, in Zukunft Agrargüter zu importieren, statt sie zwecks Ausfuhr zu produzieren.

### WIRTSCHAFTLICHE NÖTE

Tatsächlich hat die letzte lang anhaltende Dürre den Farmern besonders schlimm zugesetzt. Trotz staatlicher Finanzhilfen mussten viele einen großen Teil ihrer Tiere verkaufen, andere konnten den Ruin nicht aufhalten. In der Notlage mag mancher keinen Ausweg mehr gesehen und Selbstmord begangen haben. Meldungen darüber in der Presse erschütterten die ganze Nation. Wie Hohn muss da in den Ohren der Farmer geklungen haben, was eine wissenschaftliche Studie befürwortet: die freiwillige Umsiedlung von landwirtschaftlichen Betrieben in

bisher unerschlossene Gebiete des tropischen Nordens. Dort erstrecke sich eine der größten intakten Savannenregionen der Erde, die eine „sanfte Teilerschließung" ökologisch verkraften könne.

Doch nicht die Landwirte allein sind schuld. Noch gehört die Nation zu den größten Wasserverschwendern der Erde. Ausgerechnet in der niederschlagsarmen Region um Swan Hill kommen pro Tag 412 Liter auf jeden Einwohner. Mehr Wasser wird nirgendwo in ganz Victoria verbraucht. Im gesamten Land gibt es kaum Kläranlagen zum Recycling von Trinkwasser, auch Entsalzungsanlagen sind selten.

### FAKTEN

*Infos rund um das Klima:*

**www.weatherzone.com.au**
*Wettervorhersagen für das gesamte Land, auch speziell für Surfer, Segler oder Skifahrer*

**www.weatherchannel.com.au**
*Die lokalen Wetterverhältnisse werden alle zehn Minuten aktualisiert. Sehr anschaulich.*

**www.climatechange.gov.au**
*Hier äußert sich die Regierung zu Klimaveränderungen auf dem Kontinent und gibt Tipps zum umweltbewussten Umdenken. Interessant dazu die Seite des unabhängigen Climate Institute: www.climateinstitute.org.au*

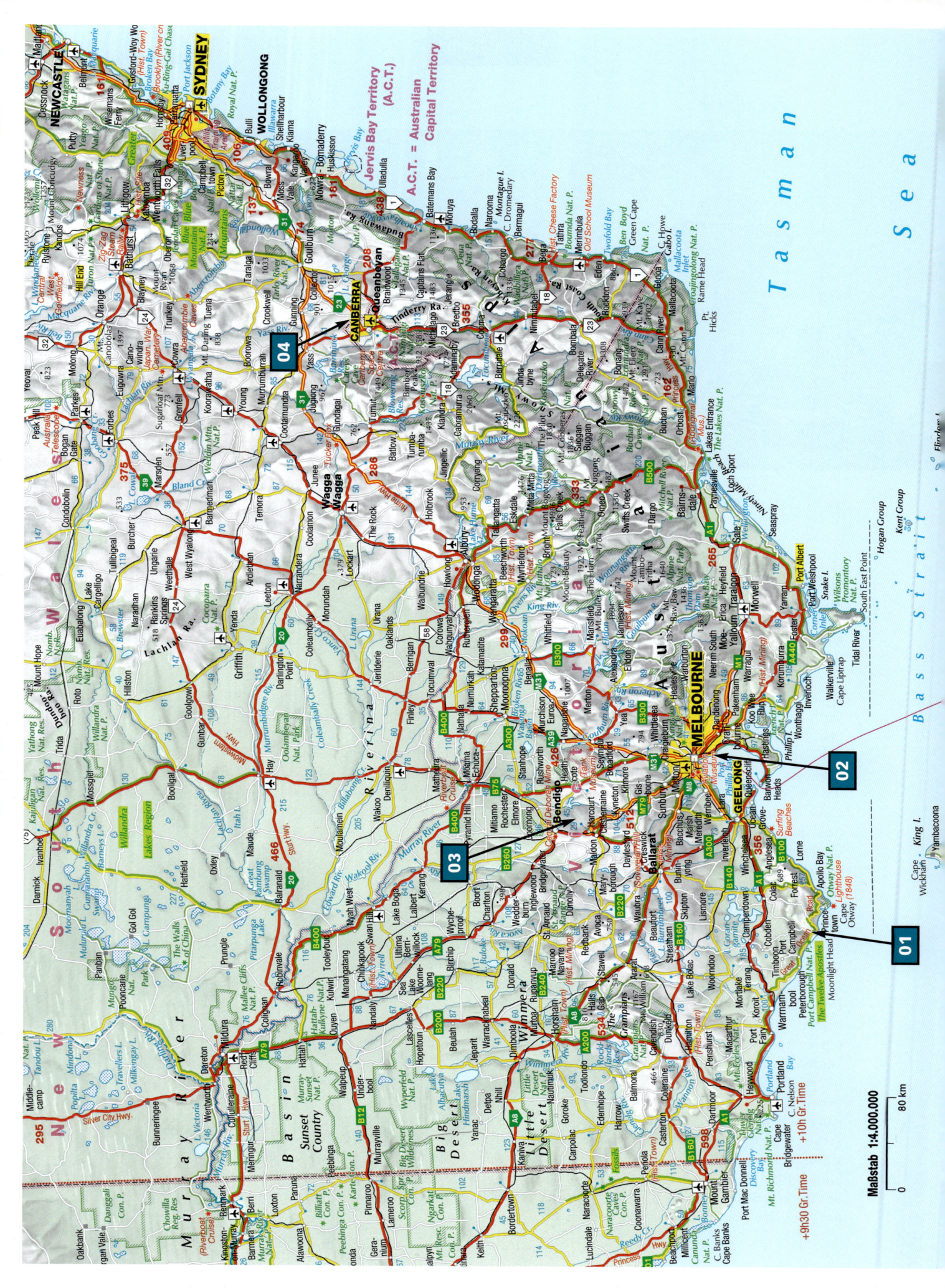

# Infos

## Tolle Stadt, tolles Panorama

**Melbourne macht als multikulturelle Metropole Eindruck, Canberra als detailliert geplanter Regierungssitz und die Snowy Mountains als im Winter schneebedecktes Dach des Kontinents. An der Küste begeistert die Great Ocean Road mit Ausblicken auf die Twelve Apostles. „Slow down!" Wer sich Zeit nimmt für das Landesinnere, kommt spätestens jenseits der wilden Grampians zur Ruhe, am Murray River.**

### 01 GREAT OCEAN ROAD

Auf über 300 Kilometer windet sich die Panoramastraße die Südküste entlang. Surfer finden an der Küste ideale Wellen für ihre Bretter, Feinschmecker frischeste Meeresfrüchte, Wanderer gut geebnete Pfade durch lauschigen Regenwald und Hobby-Fotografen tolle Motive. Zum Durchhasten viel zu schade. Mindestens zwei Tage sollte man für die fantastische Route Zeit haben.

#### Sehenswert

Wie monumentale Wachtürme stehen die bis zu 65 m hohen Kalksteinfelsen der **Twelve Apostles** ▶ TOPZIEL vor der stürmischen Steilküste bei Port Campbell. Schöne Ausblicke hat man oberhalb der Loch Ard Gorge. Noch besser vom Helikopter aus, wenn das Wetter mitspielt. Meistens starten diese ganz in der Nähe des Straßenrands (z.B. 12 Apostles Helicopters, www.12ah.com), ca. 6 km westlich von

---

### Tipp

#### Grusel-Garantie

Lange Zeit haben die dicken Mauern des Old Melbourne Gaol die Schreie der zum Tode Verurteilten erstickt, wenn sie zum Galgen geführt wurden. Eher schweigsam schlurfen heutzutage Besucher durch die düsteren Gänge und kargen Zellen der ehemaligen kolonialen Strafanstalt und stehen beinahe andächtig vor dem Hinrichtungsort von Ned Kelly, der trotz seiner Verbrechen in der zweiten Hälfte des 19. Jh. als verklärter Volksheld lebendig bleibt. Besucher, die weder Tod noch Teufel fürchten, schließen sich bei Kerzenlicht der **Lantern Ghost Tour** an und lassen sich traurige Geschichten von erbärmlichen Schicksalen erzählen.

*Russell St., tgl. 9.30–17.00 Uhr, Tickets: www.ticketek.com.au (reservieren!), www.oldmelbournegaol.com.au*

---

Princetown. Der **Otway National Park** lohnt einen Abzweig zum Wandern durch Regenwald mit bis zu 100 m hohen Königseukalypten, z. B. auf dem 25 Meter hohen und 600 Meter langen Otway Fly Tree Top Walk (ca. 45 Fahrminuten von Apollo Bay entfernt, www.otwayfly.com.au). Oder zum Besuch der alten **Cape Otway Lightstation** (tgl. 9.00–17.00 Uhr) am Ende der Stichstraße.

#### Aktivitäten

„Melba Gully" ist wie geschaffen, sich zwischendurch mal die Füße zu vertreten. Durch das naturbelassene Tal führt ein 1,5 km langer **Rundwanderweg**. Die Zufahrt zweigt 2,5 km westlich von Lavers Hill ab. Der **Great Ocean Walk** ist einer der schönsten Trails Australiens (ca. 91 km lang, Dauer: ca. 6 Tage, www.greatoceanwalk.com.au). Vier-Tages-Touren auf den schönsten Abschnitten ab Cape Otway bietet „Both Feet" (ab 1995 A$ p. P. alles inkl., www.bothfeet.com au).

#### Hotel

Direkt am Strand der Loutit Bay liegt das €€/€€€ **Mantra Erskine Beach Resort** (Mountjoy Parade, Lorne, Tel. 03/52 89 12 09, www.mantraerskinebeachresort.com.au). Die geschützte Bucht eignet sich gut zum Baden – eine Ausnahme an der Great Ocean Road, denn Brandung und Strömung können für Schwimmer sehr tückisch sein. Ca. 270 Zimmer und Apartments. Gästezimmer in der €€/€€€ **Cape Otway Lightstation**, z. T. im renovierten Haus (Tel. 03/ 52 37 92 40, www.lightstation.com) unbedingt weit im Voraus reservieren!

#### Umgebung

Nahe der Mündung der Great Ocean Road in die A1 kann man im **Flagstaff Hill Maritime Village**, einem Freilichtmuseum in Warrnambool, Handwerkern bei der Arbeit zuschauen und restaurierte Schiffe bewundern (tgl.). Der **Grampians National Park** ▶ TOPZIEL, etwa 140 km landeinwärts, schützt sowohl die einzigartige Natur in der wild zerklüfteten Bergregion als auch das kulturelle Erbe der Ureinwohner dieses Gebietes. Vom kleinen touristischen Zentrum **Halls Gap** gelangt man zu einsamen Wanderrouten und spektakulären Aussichtspunkten wie **The Balconies**. Am südlichen Ortsrand vermittelt das **Brambuk Cultural Centre** mit seinem Gariwerd Dreaming Theatre Mythisches aus der Traumzeit und serviert im angeschlossenen Restaurant Bush Tucker mit Krokodil- und Känguru-Fleisch (Grampians Rd., tgl. 9.00–17.00 Uhr).

#### Information

*Touristenbüros gibt es entlang der Great Ocean Road in den wichtigen Touristenorten*

Kurvenreich die Great Ocean Road entlang

*wie Port Campbell, Apollo Bay und Lorne www.greatoceanroad.com.au*

### 02 MELBOURNE

Die zweitgrößte Stadt Australiens ist Regierungssitz des Bundesstaates Victoria. Im Gegensatz zu anderen Städten auf dem Kontinent wuchs **Melbourne** nicht aus einem Sträflingslager, sondern wurde von Beginn an als großzügige Wohnsiedlung am Yarra River geplant. Als sie 1837 zu Ehren des damaligen britischen Premierministers William Lamb, Second Viscount Melbourne ihren Namen erhielt lebten bereits um die 10 000 Menschen in der Gegend. Goldfunde im Hinterland machten Melbourne reich, berühmt und groß. Wer Mitte des 19. Jh.s nach Australien auswanderte, hatte meist eine Passage nach Melbourne gebucht.

#### Stadtrundgang

Die kompakte **Innenstadt** ▶ TOPZIEL lässt sich bequem zu Fuß erobern. Dank der rechtwinklig angelegten Straßen fällt die Orientierung leicht. Vorausgesetzt, man beachtet, dass parallel zu einigen Hauptstraßen die als „Little" ausgewiesenen schmalen Straßen desselben Namens verlaufen. Wer Sohlen und Kondition schonen will, hüpft zwischendurch in die kostenlose **City Circle Tram** (tgl. 10.00–18.00 Uhr). Und wer mit dem Auto in die Stadt fährt, der muss der Straßenbahn Platz machen, wenn Verkehrsschilder „Right Turn from Left Only" (rechts abbiegen nur von der linken Fahrspur) anweisen.

#### Sehenswert

Östlich der City bringen die **Royal Botanic Gardens** mit über 12 000 Pflanzenarten gepflegte Natur in die Stadt. Ein toller Park, der übergeht in das Grün der Kings Domain, wo die monumentale **Shrine of Remembrance** (tgl. 10.00

# Infos

bis 17.00 Uhr) im Gedenken an die Kriegsopfer aufgetürmt wurde und von der Plattform ganz oben eine herrliche Aussicht auf die Stadt bietet. Noch weiter blicken lässt der 297 m hohe **Eureka Kydeck 88r** (Southbank, Riverside Quay) vom Sky Deck im 88. Stock mit atemberaubendem Glas-Erker (www.eurekaskydeck.com.au; Observation Deck 10.00–22.00 Uhr), der den ca. 40 Meter niedrigeren **Rialto Towers** (525 Collins St.) klar den Rang abgelaufen hat. Westlich gewährt das 1856 erbaute Parliament House Einblicke in den Politik-Alltag des Bundesstaates (Spring St., Mo.–Fr. kostenlose Führungen). Das Open-Air-Kino mit Rooftop Bar (Tel. 03/9663 3596, www.rooftopcinema.com.au, Tickets reservieren!) im unscheinbaren **Curtin House** (252 Swanston Street) östlich davon präsentiert über den Dächern der Stadt anspruchsvolle Filme (siehe auch: Restaurnat).

## Museen

Das **Melbourne Museum** ▶ TOPZIEL mit seinen modern arrangierten Ausstellungen zu Historie, Natur und Gesellschaft ist ein Muss. Die Aborigines der Region haben hier an der beachtlichen Bunjilaka Gallery mitgewirkt (Carl-

Tipp

## Wolle im Wandel

Ohne Schafe und deren wolliges Haarkleid hätte das moderne Australien kaum einen Fuß in den Weltmarkt setzen können. Zumindest im 19. Jh. nicht, als Geelong (ca. 73 km südöstl. von Melbourne) zum Wollzentrum des Landes aufstieg. Heute hat der alte Wollspeicher der Küstenstadt aus dem Jahre 1872 ausgedient, macht aber großzügig Platz für fesselnde Ausstellungen und Animationen rund um die australische Wollproduktion im Wandel der Zeit. Das National Wool Museum ist einzigartig auf dem Kontinent.

*Geelong, 26 Moorabool St.,*
*Tel. 03/5227 07 01, www.nwm.vic.gov.au*

ton Gardens). Im historischen Zollamt, dem Old Customs House, hält das **Immigration Museum** nahe dem Yarra River die Erinnerung an die frühen Einwanderer Australiens wach (400 Flinders St.; beide Museen: http://museum-victoria. com.au, tgl. ab 10.00 Uhr).

## Aktivitäten

Bei **Flussrundfahrten** lassen sich die ansehnlichen Ufer der Stadt vom Yarra River aus erleben, etwa an Bord der MV Melba Star, die ab Berth C, Southbank Melbourne, bzw. ab Princes Bridge (nahe Federation Square) startet. Reservierung: Tel. 03/9650 2214, www.cityrivercruises.com.au. Alternativen sind mehrmals tgl. stattfindende **Rundfahrten** mit Melbourne River Cruises, ab Berth 5, Southbank Promenade, Tel. 03/ 8610 26 00, www.melbcruises.com.au.

## Hotels

Im €€ **Mantra on Little Bourke** (471 Little Bourke St., Tel. 03/9607 30 00, http://cityhotels.mantraresorts.com.au) übernachtet man zentral, in Suiten mit großzügigen Badezimmern und zu günstigen Preisen. 150 Suites.
Im Herzen der City ist € **The Victoria Hotel** (215 Little Collins St., Tel. 03/9653 04 41, www.victoriahotel.com.au) gelegen. 60 Zi.

## Restaurant

Das €/€€ **Cookie** (Tel. 03/ 9663 76 60) serviert im ersten Stock des Curtin House (s. o.) eine exzellente Thai-Küche.

## Ausflüge

Mit dem Auto sind es etwa 90 Minuten bis **Phillip Island** im Südosten Melbournes. Ein Tagesausflug mit später Rückfahrt, will man die **Penguin Parade** nicht verpassen. Denn der allabendlich unter Flutlicht aus dem Wasser heimwatschelnden Zwergpinguine wegen kommen die Besucher in Scharen (Summerland Beach, Einlass 1 Std. vor Dämmerung, Reservierung: Tel. 03/5951 28 00, www.penguins.org.au). Am Südwestzipfel der Insel sind Robben („seals") in ihrer Kolonie zu beobachten

(Nobbies Marine Centre; Touren unternimmt **Wildlife Cruises,** www.wildlifecoastcruises.com.au) und im Inselinnern, im **Koala Conservation Centre,** Koalas in den Baumwipfeln (Ecke Tourist/Harbison Rd., tgl.).

## Information

*Melbourne Visitor Centre: Federation Square, Tel. 03/9658 98 58, www.visitmelbourne.com/de Teil des Info-Centers ist auch „Best of Souvenirs" mit guten Landkarten und Buchungsmöglichkeiten. Einen aktuellen und hilfreichen Insiders' Guide mit Karten hält die Stadt für das Mobil-Telefon bereit: http://m.visitvictoria.com. Über den öffentlichen Personennahverkehr informiert www.metlinkmelbourne.com.au und www.myki.com.au. Der Melbourne Greeter Service organisiert einen kostenlosen, zwei- bis vierstündigen City Walk für bis zu vier Personen auch in deutscher Sprache (Buchung mindestens 24 Stunden im Voraus: Tel. 03/9658 9658. Start am Federation Square). Infos für den gesamten Bundesstaat Victoria findet man unter: www.visitvictoria.com*

## 03 GOLDFIELDS

Die einstigen Boomtowns die Goldfields im Hinterland von Melbourne überzeugen mit ihrer eleganten viktorianischen Architektur.

## Sehenswert

So auch **Bendigo** (ca. 134 km nördl.), wo die Central Deborah Gold Mine Besucher tief in die stillgelegten Stollen lässt (Ecke High/Violet St.). Oder **Ballarat** (ca. 114 km westl.), wo eine komplette Goldgräbersiedlung als Sovereign Hill detailgetreu nachgebaut wurde (Bradshow St., tgl. ab 10.00 Uhr). Nach Einbruch der Dunkelheit wird hier die Light and Sound Show „Blood on the Southern Cross" gezeigt.

## Information

*www.visitvictoria.com,*
*http://map.visitgoldfields.com.au/*

Die ANZAC-Parade in Canberra ist von Kriegsdenkmälern gesäumt.

## 04 CANBERRA

Auf dem Dach des New Parliament House stehend, liegt einem die Hauptstadt Australiens zu Füßen. Der Capital Hill ist eigentlich eine Stadt für sich mit viel Platz für Regierungsbauten, mit überbreiten Avenues und Parkplätzen sowie Botschaftsviertel. Jenseits des künstlich angelegten Lake Burley Griffin gehört Canberra den Bürgern, mit Mall und Parks am Seeufer.

### Sehenswert

Wie ein riesiger Dachsbau unterhöhlt das **New Parliament House** den Capital Hill. Wer die peniblen Sicherheitskontrollen hinter sich hat, darf durch großzügige, extravagant ausgestattete Räumlichkeiten des 1988 fertiggestellten Abgeordnetenhauses wandeln und mit dem Lift hinauf zur sensationellen Aussicht auf dem Grasdach fahren (Parliament Dr., tgl. 9.00 bis 17.00 Uhr, Führungen alle 30 Min.). Das **Old Parliament House** von 1927, ca. 1000 m entfernt, demonstriert mit seinem in Holz und Leder gehaltenen Interieur die würdevolle Tradition einer vermeintlich guten alten Zeit (King George Tce., tgl. 9.00–17.00 Uhr, Führungen).

### Museen

Das **National Museum of Australia** gilt als Prachtexemplar einer ganz neuen Museumspädagogik: unterhaltsam, abwechslungsreich, animierend und dabei lehrreich für Alt und Jung (Lawson Cres., Acton Peninsula, tgl. 9.00 bis 17.00 Uhr, einstündige Führungen). Am Südufer des Lake Burley Griffin beeindrucken Bau, Exponate und Skulpturengarten der **National Gallery of Australia** (www.nga.gov.au, 10.00–17.00 Uhr).

### Umgebung

Über 200 km südwestlich der Hauptstadt verheißen mehr als 2000 m hohe Berge im Winter schneebedeckte Hänge. In den meisten Jahren können Skifahrer zwischen Juni und September hier die **Snowy Mountains** hinabwedeln. Der Mount Kosciuszko ist die höchste Erhebung auf dem Kontinent, **Thredbo Village** im Tal die erste Adresse für wintersportlichen Urlaub. Im alles umgebenden **Mt. Kosciuszko National Park** kann man in der wärmeren Jahreszeit auf gut präparierten Wanderrouten die alpine Gebirgslandschaft erkunden. Wer den Aufstieg scheut, lässt sich im Lift aussichtsreich hinaufbringen.

### Information

*Visitor Centre Canberra, 330 Northbourne Ave., Canberra, Tel. 02/6205 0044,*
*www.visitcanberra.com.au,*
*www.canberraconnect.act.gov.au*
*www.snowymountains.com.au*

# Top Surf Spot

*Wer in und um Torquay kein Surf Board auf dem Autodach hat oder unterm Arm hält, muss sich vorkommen wie entblößt. Denn Surfen ist hier im Osten der Great Ocean Road Lifestyle total. Vor allem junge Leute frönen der unkonventionellen Lebensart, bevölkern sonnengebräunt, mit Rasta-Locken und im trendy Outfit die Strände.*

„Bells Beach is the place to be", darin sind sich die Surfies auf dem Kontinent einig. Und deshalb ist das nah gelegene Seebad Torquay so etwas wie die „Surfer Capital of Australia". Denn sie kommen aus allen Teilen des Landes hierher, selbst aus Übersee: aus Neuseeland, aber auch aus Europa, Amerika oder von sonst wo.

**WIE DIE PROFIS**

„Coole Typen" halten stundenlang die wogende See im Blick, bis der perfekte „break" rasante Ritte über den Wellenkamm zulässt. Dann nichts wie rein ins nasse Vergnügen. Eine ganze Reihe von Ideal-Breaks gibt es zwischen Jan Juc und Bells Beach. Aber auch Anfängern bietet der Küstenabschnitt gute Bedingungen, allerdings sollten diese weiter westlich haltmachen, bei Anglesea, Airey's Inlet und Fairhaven. Dann heißt es zum Beispiel bei der Torquay Surfing Academy eine Komplettausstattung leihen und mit dem Privatlehrer an den Strand. Recht schnell lernt man das Gleichgewicht auf dem Brett zu halten – und den Wogen zu vertrauen.

Unerlässlich: Boards bei Torquay

**WEITERE INFORMATIONEN**

**Surfkurse:**
Torquay Surfing Academy,
*www.torquaysurf.com.au*
(2 Std., ca. 60 A$ / max. acht Pers./Kurs)
Surf World, *www.surfworld.org.au*

Bei schlechtem Wettern laden Torquays gut sortierte Surf Shops zum Bummeln ein, oder man besucht „Surf World", das weltweit größte Museum seiner Art (tgl. 9.00–17.00 Uhr).

# Inselidylle in reinster Luft

*Die kleine Bundesstaat südlich des kontinentalen Festlands soll mit reinster Luft und sauberstem Wasser aufwarten. Tatsächlich schmecken Fische aus tasmanischen Gewässern unglaublich frisch, und Wanderer können in ausgedehnten Nationalparks tief durchatmen. Das zu kolonialer Zeit als Vorhölle berüchtigte Sträflingslager in Port Arthur gehört heute zum Welterbe der UNESCO, die Inselhauptstadt Hobart bezaubert mit einem schönen Hafen sowie nahen Traumstränden an der Ostseite. In der weitgehend unberührten Tasmanischen Wildnis, heute ebenfalls auf der Liste des UNESCO-Welterbes, findet man das größte Naturschutzgebiet Australiens mit einem der letzten Gebiete gemäßigten Regenwalds der Erde.*

Eine faszinierende Landschaft breitet sich vor dem aus, der die Cradle Mountains erklommen hat.

Alter, gut erhaltener Baubestand in Launceston, der zweitältesten Stadt Tasmaniens

Wer nicht das Boot nimmt, wandert über die
Hängebrücke der Cataract Gorge.

Von Launceston ist es nicht weit in die aufregende Landschaft des Cradle Mountain – Lake St. Clair National Park.

Wir mögen nahe am Ende der Welt leben, aber deshalb noch lange nicht hinter dem Mond." Die Tassies, wie sich die knapp 500 000 Insulaner nennen, leiden seit jeher unter dem Stigma, auf einem wenig beachteten Ableger des Kontinents gelandet zu sein. Bis zum Ende der letzten Eiszeit vor ca. 12 000 Jahren gab es noch eine Landbrücke zum Festland. Dann flutete der ansteigende Meeresspiegel die etwa 250 Kilometer breite Bass Strait, einzig das Bergland im äußersten Süden blieb über Wasser: Tasmanien.

Die meisten Australienbesucher, unterwegs auf den Hauptreiserouten, lassen Tasmanien links liegen. Pech für sie, Glück für die wenigen, die den Sprung über die meist raue, aufgepeitschte Bass Strait wagen. Denn so bleibt die wunderschöne Insel, deren landschaftliche Vielfalt verblüfft, vom Massentourismus weithin verschont.

Außer Trockengebieten gibt es hier eigentlich fast alles: alpine Bergmassive, hügeliges Weideland, Urwälder, Moore, Flusstäler, Steilküsten, Fjorde und paradiesische Sandstrände, wie in der Bay of Fires im dünn besiedelten Nordosten, wo türkisblaues Meer an weißen Sand spült. Dabei sind die Entfernungen gering, gemessen an den endlos erscheinenden Distanzen auf dem australischen Festland. Von den Städten Hobart oder auch Launceston ist es jeweils nur eine Autostunde in die einsame Natur: hin zu den Badestränden oder auf verschlungene Wanderpfade wie den Overland Track.

## HAFENSTADT MIT HISTORIE
Einmal im Jahr steht die behagliche Inselmetropole Kopf: immer im Hochsommer, wenn Anfang Januar die pfeilschnellen Segelboote des viel beachteten „Sydney-to-Hobart Yacht Race" am Constitution Dock ins Ziel einlaufen, während zeitgleich zwei Volksfeste, nämlich das Taste of Tasmania und das Hobart Summer Festival, die Menschen

Immer am Wasser entlang geht es in Richtung Hobarts Zentrum, die Tasman Bridge verbindet die Ufer des Derwent River.

Abgeschirmt von Höhenzügen erstreckt sich der schöne Hafen von Hobart.

Bunt ist das Leben am Salamanca Place in Hobart.

# Gefährdetes Beuteltier

**Als der Tasmanische Tiger, einst das größte Fleisch fressende Beuteltier Australiens, ausgerottet war, kam jede Reue zu spät. Alle Versuche, den Beutelwolf durch Klonen wiederzubeleben, scheiterten.**

Ein solches Schicksal soll dem deutlich kleineren Beutelteufel – besser bekannt als Tasmanischer Teufel – erspart bleiben. Wird das ca. 70 Zentimeter lange, gedrungene und kohlrabenschwarze Tier wütend, bleckt es die kleinen Reißzähne und die Ohren leuchten feuerrot. Das ist aber auch schon das einzig Erschreckende an dem putzigen Beutelteufel, der heute nur noch auf Tasmanien vorkommt. Doch die Bestände sind jetzt ernsthaft bedroht. Immer mehr der Tiere, deren Anzahl heute auf unter 100 000 geschätzt wird, erkranken an einem aggressiven, tödlichen Gesichtskrebs. Selbst die vier Beutelteufel, die 2005 zur Geburt des dänischen Prinzen Christian an den Zoo in Kopenhagen verschenkt wurden, gelten inzwischen als infiziert. Die

Unter Schutz: der Beutelteufel

Krebsart wirkt ansteckend. Damit die gefährdete Art nicht ausstirbt, wurden knapp 50 gesunde Tiere auf das australische Festland gebracht. Dort war der Beutelteufel bis ins 14. Jahrhundert hinein auch heimisch. Beinahe wäre er damals von Siedlern ausgerottet worden, die das nachtaktive Tier als Bedrohung für ihr Vieh betrachteten. Erst nachdem er 1941 unter Schutz gestellt wurde, konnten sich die Bestände wieder erholen.

in das hübsche Hafenviertel an der Sullivans Cove locken. Liebevoll und akkurat wurde die historische Keimzelle Hobarts erhalten – ob am Salamanca Place mit seinen stattlichen Lagerhäusern, am Battery Point oder auf dem Parliament Square. Über 90 Gebäude sind als „historisch wertvoll" vermerkt. „Für einen Rundgang durch die Innenstadt müssen Sie sich mindestens einen halben Tag Zeit nehmen!" Die Dame im Visitor Information Centre kennt die Fallstricke jeder Stadtbesichtigung, weiß, wie viele einladende Cafés und Gasthäuser, originelle Läden und attraktive Galerien unterwegs aufhalten können.

## FERNAB VON GESELLSCHAFT

Auf der Suche nach Gewahrsam für die schlimmsten aller Verbrecher wurde das koloniale England 1830 ausgerechnet auf der malerischen Tasmanian Peninsula fündig. Der exponierte Platz war nur durch eine schmale Landenge, Eaglehawk Neck genannt, mit dem Rest der Insel verbunden. Port Arthur schien von der Natur wie geschaffen für ein ausbruchssicheres Sträflingslager.

Wenn heute der Wind durch die steinernen Ruinen der Gefängnisanlage pfeift, meint man die wimmernden Klagelaute der geschundenen, oft zu lebenslanger Zwangsarbeit verurteilten Häftlinge zu hören. Wer die Geister

Die Cradle Mountain Lodge, eingebettet in wunderbare Natur, bietet auch Annehmlichkeiten wie ein Spa.

So geht's: über Schotterwege den See entlang und dann hinauf in die Berge des Cradle Mountain – St. Clair Nationalpark.

Das einstige Sträflingslager Port Arthur war so gut wie von der Welt abgeschnitten.

nicht fürchtet, besucht den Friedhof auf der Isle of the Dead. Oder schließt sich der nächtlichen Historic Ghost Tour an, schaurige Schattenspiele und Gruselgeschichten inklusive. 1853 beendeten die Briten offiziell die Deportationen nach Australien, doch in Port Arthur kamen die letzten Zwangsarbeiter erst 24 Jahre später frei. Als Zeitzeuge hat sich der in England geborene und in Melbourne gestorbene Schriftsteller Marcus Clarke mit dem grausamen System der Sträflingslager auseinandergesetzt. Herausgekommen ist der ergreifende Roman „Lebenslänglich" („His Nature Life"), in dessen Mittelpunkt das Schicksal entflohener Häftlinge steht.

Doch das größte Unrecht wurde im traurigsten Kapitel tasmanischer Geschichte den Ureinwohnern angetan. Von den ca. 5000 auf der Insel lebenden Aborigines überlebte niemand die eingeschleppten Krankheiten oder Übergriffe englischer Truppen und weißer Siedler. Eine als charismatisch beschriebene Aborigine namens Truganini gilt als letzte Angehörige ihres Volkes. Sie starb am 8. Mai 1876.

### PRO NATURSCHUTZ

Kein Wunder, dass der australische Umweltschutz auf Tasmanien seine rebellischen Anfänge nahm: In den 1980-Jahren galt es, in bereits ausgewiesenem Naturschutzgebiet den Bau eines Staudamms am Unterlauf des Franklin River zu verhindern. Aus den erfolgreich verlaufenden Protestaktionen ist die australische Umweltschutzpartei The Greens hervorgegangen, die bis heute auf vehemente Ablehnung der meisten Farmer und, mehr noch, der einflussreichen Holzindustrie stößt. Übrigens dürfen die Landwirte auf der Insel – als einzige der südlichen Hemisphäre – Opium („opium poppies") zu medizinischen Zwecken anbauen. Die Felder mit den roten und weißen Mohnblüten erstrecken sich im Nordwesten.

Nach dem Rodungswahn in Pioniertagen scheint die tasmanische Natur inzwischen wieder mit sich im Reinen: Die Hälfte der Fläche ist bewaldet, über ein Viertel steht unter Schutz – und ein Teil des alpinen Cradle Mountain – Lake St. Clair National Park gehört sogar zum UNESCO-Welterbe. In der von eiszeitlichen Gletschern geformten Wildnis haben sich auch zahlreiche, nur auf Tasmanien beheimatete Pflanzen gehalten, etwa eine über neun Meter hohe Heide-Art (Richea), im Aussehen der Yucca-Palme ähnlich. Und das Konterfei des Beutelwolfs (Tasmanischen Tigers) – der letzte starb 1936 im Zoo von Hobart – blickt überall dem Reisenden entgegen: von Autonummernschildern, Münzen oder Bierdosen.

### GAUMENFREUDEN

Tasmaniens Nordosten rühmt sich, mit die delikatesten Meeresfrüchte in ganz Australien auf den Tisch zu zaubern: Garnelen aus kaltem Küstenwasser, fleischige Jakobsmuscheln, zarte Flundern und kinderfaustgroße Abalonen (Meeresschnecken). Die Kanadierin Kim Seagram betreibt heute mit ihrem Mann

# Die tasmanische Natur scheint mit sich im Reinen zu sein.

das Stillwater River Café und weiß deshalb, wie Tasmanien auf der Zunge zergeht: „Die Zutaten und der Wein hier lassen uns wie Könige speisen, ohne dass es ein Vermögen kostet." Und 17 Weingüter produzieren im nahen Tamar Valley respektable Tropfen – dem Mikroklima sei Dank.

PUBS IN AUSTRALIEN

# Nur kein „Sissy" sein ...

*Pubs gewähren stets einen guten Einblick in das Leben der jeweiligen Ortschaft, heißt es in Australien. Hier treffen sich Einheimische und Gäste, echte Kerle (mates) und Weichlinge (sissies).*

Wenn auch äußerlich schon etwas ramponiert – Hauptsache, hier wartet ein kühles Bier in der weiten heißen Landschaft ...

Im 19. Jahrhundert war die Kneipe oft die erste öffentliche Baumaßnahme einer neuen Ansiedlung – noch vor der Kirche. Meist gehörte ein kleiner Kolonialwarenladen dazu – sowie einfache Fremdenzimmer, weshalb australische Gaststätten bis heute weit verbreitet als „Hotel" geführt werden, obwohl meist längst kein Übernachtungsbetrieb mehr angeschlossen ist.

### STRENGE GESETZE – LOSE SITTEN

Nicht überall wurde so hemmungslos Alkohol konsumiert wie in den berüchtigten Goldgräbersiedlungen, doch den Aussies eilt bis heute – nicht zu Unrecht – der Ruf als trinkfeste Zeitgenossen voraus. Dazu beigetragen haben sicherlich die von den Engländern übernommenen Trinkgewohnheiten und Alkoholvorschriften, die letztendlich nicht der Abstinenz dienten, sondern eher zu Exzessen führten. Wie dem berüchtigten „six o'clock swill": Bis zur Sperrstunde um 18.00 Uhr blieb den Arbeitern gerade mal eine Stunde zum Kneipenbesuch, also floss das Bier in Strömen. Erst von 1955 an durften die Wirte länger ausschenken. Damit gipfelte kollektiver Alkoholmissbrauch vor allem am Wochenende im sogenannten „pub crawl", wobei Angetrunkene in grölenden Gruppen von Lokal zu Lokal zogen. Das hat zwar ein Ende, seitdem Alkohol selbst in Supermärkten zu haben ist. Doch an den ausschweifenden „friday nights" halten gerade die jüngeren Australier fest. Dann en-

Ob in der stilvollen Kneipen- und Restaurantszene wie in Fremantle (oben) oder der etwas boden- ständigeren Variante an einem Ort in der Weite des Landes – es geht gesellig zu in der Szene.

*Noch heute hat die traditionelle Männer-
domäne ihre ganz eigenen Rituale ...*

Im Pub ordert man Getränke und Essen an der Bar,
es wird auch gleich dort bezahlt.

det der Kneipenbesuch, insbesondere in
ländlichen Gegenden, gerne mal mit Ran-
dale oder einer handfesten Schlägerei zwischen alkoholisierten Gästen.

### NUR FÜR MÄNNER?

Die Bezeichnung Pub – kurz für Public Bar
oder Public House – täuscht darüber hinweg, dass traditionell und per Gesetz der Zu-
tritt nur männlichen Gästen gestattet war –
bis in die 1970er-Jahre. So lange mussten
Frauen in der für sie reservierten „Ladies'
Lounge" nebenan Platz nehmen. Sie durften
selbst keinen Alkohol am Tresen ordern,
aber seit jeher als Bedienung dahinter arbei-

### FAKTEN

*Kleines Pub-Sprachlexikon:*
*watering hole – populäre Kneipe im Ort*
*stubby – handliche Flasche Bier mit 375 ml Inhalt, nur*
*„sissies" (Weichlinge) trinken aus dem Glas*
*tinnie – Bierdose, die auch ohne Glas auskommen muss (s.o.)*
*jug – Bierkrug mit 1,14 l Inhalt für mehrere „mates" (Kerle)*
*pint – die 0,57 l Bier im Glas schafft ein „mate" allein*
*half pint – 0,28 l genügen wiederum allenfalls sissies (s.o.)*
*draught – Bier vom Fass*
*lager – helles Bier*
*stout – Schwarzbier*
*coldie – das Bier noch kälter als eiskalt*
*shandy – Mixgetränk aus Bier und Limonade, einst üblich in
der Ladies' Lounge (s.o.)*

ten. Mit eben dieser Doppelmoral hat sich
Generationen später die feministische
Schriftstellerin Clare Wright in ihrem 2003
erschienen Buch „Beyond the Ladies
Lounge" (Melbourne University Publishing,
2003) eingehend auseinandergesetzt und
herausgefunden, dass Barfrauen gar nicht so
schlecht dran waren, gerade in viktoriani-
scher Zeit unabhängiger und selbstbe-
stimmter leben konnten als die meisten ihrer Geschlechtsgenossinnen. Noch heute hat
die traditionelle Männerdomäne ihre ganz
eigenen Rituale: Getränke werden an der
Theke bestellt und prompt bezahlt, Bier
wird eiskalt in der Flasche serviert und auch
daraus getrunken. Wer zusätzlich ein Glas
ordert, gilt vor allem in ländlichen Kneipen
schnell als „sissy" (Weichling).

### RUM-REICHE VERGANGENHEIT

Die Erfolgsgeschichte des australischen Bie-
res begann früh, praktisch mit der Entde-
ckung des Kontinents durch Captain James
Cook. Der englische Seefahrer führte auf seinen langen Reisen stets alle notwendigen
Zutaten zum Bierbrauen mit – auch für den
Fall, dass die Trinkwasser-Reserven an Bord
ungenießbar wurden. Doch bevor die Australier vollends auf den Bier-Geschmack kamen, floss in den Anfängen der Kolonie
reichlich Rum die Kehle hinunter, mehr als
Sträflingen und Siedlern guttat. Der aus Zu-
ckerrohr gebrannte Schnaps war damals so
begehrt, dass er als eine Art inoffizielle
Währung gehandelt wurde. Alkoholismus
war bald so weit verbreitet, dass die Behör-
den bereits um 1800 vor dem exzessiven
Konsum der hochprozentigen Destille warnten und zum Biertrinken aufforderten – Ge-
brautes als heilsamere Alternative zu Ge-
branntem. Ein Mann namens John Boston
gilt als der erste eingetragene Bierbrauer auf
dem Kontinent, aus indischem Mais hat er
sein Bier gebraut. Eine der ersten Braue-
reien, die Cascade Brewery auf Tasmanien,
produziert seit 1824, sie ist heute die älteste
Brauerei Australiens.

Mittlerweile führen Pubs übrigens auch
ordentliche Weine im Angebot. Gern getrunken wird vor allem preiswerter „cask wine"
(Fasswein), der per Schlauch ins Glas kommt.

Auch vor Kneipen macht der Wandel des Lifestyles nicht halt: Chrom und ein modernes Beleuchtungskonzept tauchen die Bar in ein kühles Ambiente.

# Infos

# Das Kleinod des Kontinents

**Im Südwesten der Insel reicht weite waldreiche Wildnis bis an die unzugängliche Küste. Bergwanderer kommen im Cradle Mountain – Lake St. Clair National Park auf ihre Kosten, Strandläufer in den sandigen Buchten an der Ostseite. Dazwischen liegt Hobart an einem der schönsten Naturhäfen der Welt.**

## 01 HOBART

Rund 200 000 Menschen leben in der Stadt am Fuß des Mt. Wellington, beinahe die Hälfte aller Tassies. Als zweitälteste Ansiedlung Australiens kann Hobart kapitale Baudenkmäler und eine ereignisreiche Historie aus kolonialer Zeit pflegen. Die Gegenwart verwöhnt mit schicken Straßencafés, delikaten Restaurants und angesagten Bars. Heute kaum vorstellbar, dass dieses schöne Fleckchen Erde zu beiden Seiten des Derwent River im Empire des 19. Jh. zur Verbannung von Sträflingen missbraucht wurde. Gleichzeitig wuchs die Ansiedlung zu einem weltweit bedeutsamen Hafen für Walfänger.

### Sehenswert

Ursprünglich befand sich am **Battery Point** ein Munitionslager. Doch bald bevölkerten Fischer, Kaufleute und Handwerker die Hanglage mit Blick auf den Fluss. Das historische, gepflegte Viertel mit seinen geduckten Häusern unter Gaslaternen spiegelt die Wohnverhältnisse im frühen 19. Jh. wider. Ein Rundgang durch die Stadt sollte auch in die urigen Schankräume traditioneller Gasthäuser wie „Shipwright's Arms" (Trumpeter St.) führen.

Nur wenige Meter weiter zum Wasser hin zeugen auch die steinernen Lagerhäuser am **Salamanca Place ▶TOPZIEL** von den Anfängen Hobarts. Wo früher Handel und Kleinindustrie ihr Tagwerk verrichteten, hat sich heute Schöngeistiges mit Galerien, Kunsthandwerksläden, Antiquariaten sowie beliebten Lokalen breitgemacht. Viel los ist immer rund um die vielen bunten Marktstände beim **Salamanca Market** am Samstag (8.30–15.00 Uhr). Nebenan am Parliament Square war das von Sträflingen errichtete **Parliament House** zunächst Zollstation (keine Führungen, wenn das Parlament tagt). Als maritimer Mittelpunkt dient nach wie vor die von städtischer Geschäftigkeit umgebene Sullivans Cove, wo am **Constitution Dock** Fischerboote und Yachten festmachen.

### Museen

Unbedingt sehenswert ist **Mona**, das Museum of Old and New Art (655 Main Rd., Berriedale, Tel. 03/62779900, www.mona.net.au, Mi–Mo

10.00–18.00 Uhr). Mindestens vier Stunden muss man für das „Fest der Sinne" veranschlagen. Zur weitläufigen Anlage gehören eine kleine, aber feine Bierbrauerei (Moo Brew), ein Weinkeller mit Bar, ein elegantes Restaurant sowie acht Luxus-Appartements ( **€€€**) oberhalb des Flusses. Hin gelangt man auch per Bus oder Boot (ab Brook St. Ferry Terminal/Sullivans Cove).

Eine Fülle an faszinierender Heimatkunde beherbergt das westlich vom Arthur's Circus gelegene **Narryna Heritage Museum,** untergebracht in einer eleganten Villa von 1836 (103 Hampden Rd., Di.–So. ab 10.30/ 14.00 Uhr). Das

**Tipp**

## Port Arthur Historic Site

Auf etwa 40 ha sind über 30 Gebäude der kolonialen Sträflingssiedlung bewahrt, die zum Welterbe der UNESCO zählt. Am Visitor Information Centre erhält jeder Besucher eine fiktive Häftlingsidentität, deren Schicksal er nun folgt. Die Besucher werden zur Kirche geführt, die nie gesegnet wurde, war sie doch für alle Konfessionen bestimmt; zum Asyl, das einst Alte und Sieche, heute das Museum beherbergt; zum Guard Tower, von dem aus nach flüchtigen Sträflingen ausgeschaut wurde; und zum Penitentiary, einem trutzigen Gefängnisbau, der zeitweise 500 Sträflingen Platz bieten musste. Für die Besichtigung des Geländes sollte man mind. 4 Stunden veranschlagen. Teil des im Frühjahr stattfindenden Festivals „The Beating Retreat" (Abb.) ist ein feierlicher militärischer Aufmarsch, basierend auf einer Zeremonie der Briten. Die **Historic Ghost Tour** führt durch das nächtliche Port Arthur (www.portarthur.org.au).

*Tel. 03/62 51 23 10 oder 1800 65 91 01 (gebührenfrei), www.portarthur.org.au, tgl. 9.00–17.00 Uhr*

**Maritime Museum of Tasmania** nahe dem Franklin Square hält mit Fotos, Dokumenten, Karten und Schiffsmodellen die spannungsgeladene Seefahrtsgeschichte der Insel präsent. Einen Schwerpunkt bildet das Geschäft der Walfänger (16 Argyle St., tgl. ab 9.00 Uhr). Der Besuch des **Tasmanian Museum & Art Gallery** gegenüber lohnt allein schon wegen dessen Bau: Der Teil des Commissariat Store stammt von 1808 und ist die älteste Bausubstanz der Stadt. Naturkundliches sowie Kulturelles der Ureinwohner gehören zur Ausstellung wie auch Bilder aus dem 19. Jh., teils von Sträflingen angefertigt (40 Macquarie St. tgl.).

### Aktivitäten

Am Visitor Centre beginnt tgl. der geführte **Hobart Historic Walk** – anschaulicher kann Geschichtsunterricht gar nicht sein. Verschiedene Veranstalter bieten mehrtägige geführte **Rafting-Touren** ab Hobart an (z. B. Rafting Tasmania, Tel. 03/62 39 10 80, www. raftingtasmania.com).

### Hotels

Der Beiname „Art Hotel" verpflichtet im **€€€ The Henry Jones** (25 Hunter St., Tel. 03/ 62 10 77 00, www.thehenryjones.com). Im ehemaligen Fabrikgebäude rahmen historische Gemäuer moderne Kunst. Die meisten Zimmer mit Blick aufs Wasser. 35 Zi.

Ein luxuriöses Boutique-Hotel mit Atmosphäre in der City ist **€€€ Quest Savoy** (Ecke Collins/ Elizabeth St., Tel. 03/62 20 23 00, www.quest apartments.com.au, 31 Zi.).

Um einen Herrensitz im viktorianischen Stil gruppieren sich die drei zauberhaften **€€ Corinda's Cottages** (17 Glebe St., Tel. 03/ 62 34 15 90, www.corindascottages.com.au). Das schönste ist sicher „Servants' Quarters".

### Restaurant

Das Kneipenrestaurant **€ New Sydney Hotel** (87 Bathurst St., Tel. 03/ 62 34 45 16), zentral gelegen, ist immer gut besucht. Aus gutem Grund: Die Speisen, die man am Tresen bestellt und bezahlt („counter meals"), sind lecker, gut portioniert und preiswert.

Gute Fischgerichte gibt es bei **€/€€€ Mures** (oben „fein", unten „self service", www.mures. com.au) am Victoria Dock/Sullivans Cove sowohl mittags als auch abends.

### Information

*Visitor Centre, Davey/ Elisabeth St., Hobart, Tel. 03/62 30 82 33; weitere Infos über: www.hobarttravelcentre.com.au, www.discovertasmania.de, www.tas.gov.au*

# Infos

## Tipp

## Austernfarm

Beim Schlürfen schmecken Gourmets den Unterschied auf Anhieb: Tasmanische Austern gehen runter wie Happen steif geschlagener Sahne, sind dabei salzig und von angenehm weicher Konsistenz. „Solch edle Schalentiere gedeihen nur in sauberen, kühlen Küstengewässern." Damit wirbt die **Barilla Bay Oyster Farm** nahe Hobart, eine von über 100 Austernfarmen auf der Insel, verschweigt aber nicht, dass die Austernart weniger lang ohne Kühlung überlebt als z. B. die Sydney Rock Oyster.

*Barilla Bay Oyster Farm, 1388 Tasman Hwy, Cambridge, Tel 03/62 48 54 58, www.barillabay.com.au*
*Verkauf tgl. 7.30–18.00 Uhr, Führung: Sa., So. 12.00 und 16.00 Uhr*

## 02 NATIONALPARKS BEI HOBART

Westlich von Hobart liegen Nationalparks, die teils schöne Tracks bieten.

### Sehenswert

Alpine Moore, Regenwälder, Seen und Wasserfälle machen den Reiz des **Mount Field National Park** aus. Der sich selbst überlassene Naturraum, 80 km nordwestlich von Hobart, war der erste Nationalpark auf der Insel. Rund 4 km weiter östlich entlässt der kleine Tierpark **Something Wild** (2080 Gordon River Rd., tgl. verletzte oder erkrankte Wildtiere nach ihrer Gesundung wieder in die freie Natur. Entlegener und unberührter als im westlich davon gelegenen, ausgedehnten **Southwest National Park** ist es nirgendwo auf der Insel. An den anspruchsvollen Wanderrouten scheitern Spaziergänger: Fünf Tage braucht man für den **Port Davey Track**, sieben Tage für den **South Coast Track**. Mit dem Auto gelangt man bis **Strathgordon am Lake Pedder** – und will erst einmal nicht mehr weiter, zu schön ist die buchtenreiche Seenlandschaft.

### Unterkunft

bietet Campingplatz oder **Lake Pedder Chalet** (Gordon River Rd., Tel. 03/62 80 11 66, www.lakepedderchalet.com.au).

### Information

*siehe Hobart*

## 03 STRAHAN

Der hübsche Hafenort liegt an der Westküste der Insel. Der Lyell Highway windet sich hierher durch naturbelassene Landschaften.

### Sehenswert

Strahan gewährt unkapriziös Einlass in den ansonsten recht abweisenden **Franklin-Gordon Wild Rivers National Park.** Denn vom geschützten Macquarie Harbour fahren Ausflugsboote den Gordon River hinauf dorthin. Dem West Coast Visitor Centre (siehe unten), *der* Auskunftsstelle an der West Coast überhaupt, ist ein **Theater** angeschlossen, in dem eine pantomimische Episode aus dem einstigen Sträflingslager auf Sarah Island aufgeführt wird („The Ship that never was", tgl. 17.30 Uhr).

### Aktivität

Zwischen Strahan und dem Minenort Queenstown (östl.) verkehrt die **West Coast Wilderness Railway,** ein uriger Dampfzug aus Goldgräbertagen. Heute nehmen Touristen in nostalgischen Waggons Platz (Dauer: ca. 5 Std., Information/Reservierung: Tel. 03/64 71 43 00, www.westcoastwildernessrailway.com.au).

### Umgebung

Als **Franklin-Gordon Wild Rivers National Park** erstreckt sich die Regenwald-Wildnis östlich von Strahan. Wassersportler dringen hier bis zu den schäumenden Wildwassern des Franklin River vor (siehe Hobart, unter Aktivität).

### Information

*West Coast Visitor Centre,*
*The Esplanade, Strahan,*

Naturnah nächtigen: Cradle Mountain Lodge

*Tel. 03/64 72 68 00,*
*www.strahanvillage.com.au,*
*www.westernwilderness.com.au*

## 04 CRADLE MOUNTAIN – LAKE ST. CLAIR N.P.

Die Naturlandschaft mit dem langen Namen führt hoch hinauf, lässt aber auch tief blicken.

### Sehenswert/Aktivität

**Mt. Ossa,** mit 1617 m der Berg-Gigant der Insel, ragt im **Cradle Mountain – Lake St. Clair National Park** ▶TOPZIEL empor, ideal für Wanderungen, im Winter mit Schnee. Knapp 170 m sind es bis zum Grund des Lake St. Claire. **Cradle Valley** macht im Norden den Weg frei in die auf der World-Heritage-Liste erfasste Wildnis des 16 000 ha großen Parks.

### Hotel

In komfortablen Holzhäusern beherbergt die **€€€ Cradle Mountain Lodge** (Cradle Mountain Rd., Tel. 03/64 92 11 33, www.cradle mountainlodge.com.au) ihre Gäste. Hier beginnen reizvolle Wanderungen durch die grandiose Bergwelt.

### Information

*Cradle Mountain Visitor Centre*
*Cradle Mountain Rd., Cradle Valley,*
*Tel. 03/64 92 11 10; Visitor Centre*
*(am Lake St. Clair), Cynthia Bay,*
*Tel. 03/62 89 11 72,*
*www.parks.tas.gov.au*

## 05 LAUNCESTON

Wer der Architektur des 19. Jh. nicht überdrüssig wird, fährt 200 km durchs Inselinnere, um auf noch mehr gut erhaltene Baudenkmäler zu treffen. Wem die knapp 100 000 Einwohner dann doch zu viel sind, der kann in die Wein- und Obstgärten des Tamar Valley entfliehen. Schon 1804 haben erste Siedler hier ihre Zelte aufgeschlagen. Spazierwege begleiten das Ufer des Tamar River, bis hin zum Old Seaport, wo Gastronomie in ansprechendem Ambiente zum Verweilen einlädt.

### Museen

Ein Mix aus Kunstausstellungen und naturkundlichen Exponaten formiert sich zum **Queen Victoria Museum & Art Gallery** (2 Wellington St., tgl. 10.00–17.00 Uhr). Was das **National Automobile Museum of Tasmania** an Oldtimern auffährt, sucht seinesgleichen auf dem Kontinent. Über 100 Ausstellungsstücke führen automobile Vergangenheit vor Au-

DuMont Aktiv

gen. Vor allem Motorrad-Fans werden sich gar nicht sattsehen können (86 Cimitiere St., tgl. 9.00–17.00, Winter ab 10.00 Uhr).

## Aktivitäten

Vom Visitor Centre in Launceston startet der einstündige, geführte **Historic Walk** durch die Stadt. Das **Aquatic Center** bietet sechs verschiedene Poolbereiche. Eine knapp einstündige Bootsfahrt lässt die zwischen senkrecht aufragenden Felswänden eingezwängte **Cataract Gorge** hautnah erleben (tgl. 9.30–15.30 Uhr ab Royal Park/Home Point Wharf). Alternative für Fitnessbewusste: auf den Pfaden an den Ufern des South Esk River entlangwandern. Über das Wasser führen eine Hängebrücke oder der Sessellift. Die Schlucht ist nur zehn Gehminuten von der Innenstadt entfernt. Die Bootstour von Tamar River Cruises (Tel. 03/ 63 34 99 00, www. tamarrivercruises.com.au) führt ebenfalls in die Cataract Gorge.

## Hotel

Die erhabene Lage des denkmalgeschützten € **Hillview House** (193 George St., Tel. 03/ 63 31 73 88, www.hillviewhouse.net.au, 9 Zi.), einer Villa, beschert wunderschöne Ausblicke auf die Stadt und das Tal des Tamar River.

## Restaurant

Moderne, asiatisch und europäisch inspirierte Küche in einer alten Mühle: das €€/€ **Stillwater River Café Restaurant & Wine Bar** (Ritchies Mill, Paterson St., Tel. 03/63 31 41 53, tgl. ab 8.30 Uhr). Eine reizvolle Unterkunft in der Umgebung bietet die €€€ **Freycinet Lodge** (Tel. 03/6257 0101, www.freycinetlodge.com.au, 60 Zi.) im gleichnamigen Nationalpark (siehe unten) mit Blick auf die Coles Bay.

## Umgebung

Nördlich von Launceston beginnt die zauberhafte Obst- und Weinregion des **Tamar Valley** mit exzellenten Kellereien und Top-Restaurants. Zu den populärsten führt der West Tamar Highway am Westufer des hemmungslos mäandrierenden Tamar River. Seitenwechsel wollen allerdings gut überlegt sein. Denn nur bei Deviot überquert eine Brücke den Fluss. Wer bis **Georgetown** – am östlichen (!) Flussufer – vordringt, taucht noch einmal tief in die Siedlergeschichte Tasmaniens ein.
Einen traumhaften Strand hat die Wineglass Bay im südöstlich gelegenen **Freycinet National Park.**

## Information

*Visitor Centre, 12–16
St. John St., Launceston,
Tel. 03/63 36 31 33,
www.ltvtasmania.com.au*

# Durch Tasmaniens Herz

*Der Overland Track durch das naturbelassene Bergland im Herzen Tasmaniens gehört zu den populärsten mehrtägiger Wanderungen Australiens. Eine wunderschöne Route, aber nicht ganz leicht, auch weil in den Hochlagen häufig starke Winde das Vorankommen erschweren.*

Die erste Tagesetappe ist die schwierigste: Eine imposante Bergszenerie aus bizarr geformten Gipfeln, rauschenden Wasserfällen und tiefblauen Seen entschädigt für 10 km über steiniges, teilweise steiles Gelände am Cradle Mountain hinauf zum Marion Lookout und wieder hinab ins Waterfall Valley. Der Rest der Strecke dürfte keinen durchschnittlich trainierten Wanderer überanstrengen. Es sei denn, er strebt unterwegs am Mount Ossa die Bezwingung des mit 1617 m höchsten Bergs in Tasmanien an. Vorsicht! Dem schroffen Felsriesen sollten nur erfahrene Alpinister nahe kommen.

Der Sommer ist die ideale Wanderzeit.

### ZUM TIEFSTEN SEE

Wer brav dem Track folgt, bewegt sich immerhin in Höhen zwischen 700 und 1030 m, vom Fuß des Cradle Mountain bis zum Lake St. Clair, dem tiefsten See Australiens. Dazwischen erstreckt sich die Wildnis des Cradle Mountain-Lake St. Claire National Park mit Regenwald, Buschland, Sümpfen und alpiner Vegetation. So anstrengend der Marsch beginnt, so erholsam geht er zu Ende. Denn auf dem See verkehrt eine Personenfähre nach Cynthia Bay. Nur unermüdliche Wanderer entscheiden sich hier für zusätzliche, aber reizvolle 15 km Fußweg am Ufer.

## WEITERE INFORMATIONEN

**Länge:** ca. 65 km bzw. 80 km (mit Wanderung am Seeufer), begehbar nur in Nord-Süd-Richtung
**Dauer:** 6 bzw. 7 Tage
**Unterkunft:** Hütten, Zeltplätze
**Wandersaison:** 1. Nov. – 30. April, ideal ist der australische Sommer (Dez.–Feb.)

**Anmeldung:** Ein Buchungssystem regelt die Anzahl der Wanderer (Tel. 03/64 92 11 33, www.overland track.com.au), 200 A$ zahlbar bei Buchung, zzgl. 17 A$ Nationalpark-Gebühr inkl. Shuttle Service www.ourhikingblog.com.au; www. wildernessexpeditions.net.au

# Bester Laune in sonniger Region

*Als selbst ernannter Festival State kann South Australia nicht anders, als seine Besucher das ganze Jahr über bei Laune zu halten. Gastfreundliche Gastronomie mit köstlichen Speisen und hervorragenden Weinen verwöhnt vor allem in und um Adelaide. Aber auch weiter draußen, in den dürstenden Siedlungen des staubtrockenen Outback, wird feste und laut gefeiert. Auf Kangaroo Island dagegen mahnt die einzigartige Naturschönheit zu andächtiger Stille.*

Muss man ihn nicht putzig finden? Spezielle Farmen in Australien haben sich der Pflege und Aufzucht der Koalas verschrieben.

Das Barossa Valley (ganz oben), ein Muss für alle Weinfreunde und auch jene, denen es mal wieder nach Apfelstrudel ist. Die Weine lassen sich gleich vor Ort verkosten, gehaltvolle Rote gibt es auf dem Weingut von Albert di Palma (oben).

Wie ein Landschlösschen wirkt das Weingut mit seinem breiten Treppenaufgang.

Eine gewisse Theatralik spielt mit, wenn Albert di Palma eine Kostprobe seines zwei Jahre alten Roten kredenzt. Albert stammt aus Argentinien. Ein Mann wie ein Baum, unter spitzbübisch dreinblickenden Augen ein wild wuchernder Vollbart. Ihm und seiner australischen Frau Dianne gehört das kleine Weingut Villa Tinto, mitten in der ländlichen Idylle des Barossa gelegen. Albert macht den Wein, wie er es von zu Hause kennt. Am liebsten Rote von aromatischer Würze, im Abgang etwas ruppig. Villa Tinto ist so etwas wie ein Exot im Barossa, wo der Weinanbau eindeutig deutsche Wurzeln hat. 1847 soll hier ein aus Schlesien eingewanderter Johann Gramp die ersten Reben angepflanzt haben. Ihn hatte ein Exodus von preußischen Religionsflüchtlingen – allesamt strenggläubige Lutheraner – nach Südaustralien gebracht. Die „Deutschen" schufen sich in der fruchtbaren Wildnis nördlich von Adelaide schnell eine neue Heimat, mit spitzgiebeligen Häusern und aufragenden Kirchtürmen in ganz akkurat angelegten Dörfern: Bethanien heißt heute Bethany, Langmeil wurde in Tanunda umbenannt – deutsche Namen waren während der Weltkriege auf dem Kontinent verpönt. Die wohl prominenteste Wein-Dynastie im Barossa hat Joseph Seppelt begründet: Eine von stolzen Dattelpalmen gesäumte Allee führt heute zum Weingut Seppeltsfield, wo dicke Backsteinmauern sehr teure Tropfen bewahren. Das tempelartige Mausoleum nebenan befremdet, fällt aber prompt ins Auge und mahnt somit erfolgreich, der Pionierleistung der Vorfahren zu gedenken.

### REIF FÜR DIE INSEL

Im Zentrum der Bundeshauptstadt wird auf der buntscheckigen Rundle Mall eingekauft, an der North Terrace anspruchsvolle Kultur konsumiert, am Victoria Square die nostalgische Straßenbahn zum populären Strandbad Glenelg bestiegen und vielerorts verdammt gut gegessen. Und nicht zuletzt

Skyline von Adelaide vom Torrens River aus

Der glücklichste Tag startet am Strand von Glenelg.

Baywatch am Strand von Glenelg bei Adelaide

wird in den in Down Under berüchtigten „friday nights" in Biergärten und Bars bis in den frühen Morgen gefeiert. Andreas findet es hier ebenso „hipp" wie „cool". Der 20-Jährige aus Hamburg wollte nach dem Abitur ganz weit weg. Eine zwischenzeitliche Liebschaft mit einer australischen Rucksackreisenden sollte ihn nach Adelaide treiben. „Und das ist gut so, die Leute hier sind allesamt relaxt, das Wetter ist super und die Strände sind erstklassig." Andy jobbt tagsüber in einem Schnellimbiss, am Wochenende kellnert er zusätzlich abends in einem der angesagten Restaurants auf der Gouger Street. Er gehört zu den zahllosen jungen Menschen aus Europa, für die Australien derzeit die Top-Destination ist. „Work and travel" – „arbeiten und reisen" lautet das Zauberwort für Langzeitaufenthalte trotz knappem Reisebudget. Kommendes Wochenende will er mit Freunden rüberhüpfen nach Kangaroo Island.

Das viel gerühmte Naturparadies vor der Küste Adelaides hält allemal zwei Tage auf Trab. In dem seit ca. 10 000 Jahren vom Festland isolierten Lebensraum haben sich Tier- und Pflanzenarten entwickelt, die sonst nirgendwo mehr vorkommen – so ein großer schwarzer Kakadu mit knallroten

Schwanzfedern („glossy black") oder das graue Tamar-Känguru. In der Sommerhitze Ende 2007 haben verheerende Feuer den ausgedehnten Wäldern auf der drittgrößten Insel Australiens arg zugesetzt. Doch Ausflüge dorthin lohnen mittlerweile schon wieder.

### ZWISCHEN DICHTEM WALD UND ÖDNIS

In der mediterran anmutenden Hauptstadt Adelaide deutet nichts darauf hin, dass der umgebende Bundesstaat der trockenste Australiens ist. Auch die dicht bewaldeten Mount Lofty Ranges

Stuart Highway. Für die Wahnsinnsroute bis hinauf nach Darwin kam nur der Landforscher John McDouall Stuart als Namensgeber infrage, der im Jahr 1862 die Durchquerung von Süden nach Norden vollendete.

### IN WASSERLOSER WILDNIS

Der Engländer Edward John Eyre machte sich 1840 auf, um von Adelaide aus einen Weg nach Westen zu finden. Gemeinsam mit seinem Aborigine-Gefährten Wylie schaffte er es ein ganzes Stück bis ins heutige Western Australia hinein. Was bedeutet, dass die beiden

## Im mediterran anmutenden Adelaide deutet nichts auf die Trockenheit im Bundesstaat hin.

im Osten oder die fruchtbaren Weingärten des Barossa zeugen eher von Regen satt denn von Wüstenklima. Nur wer viel weiter nordwestlich in die steinigen Einöden vordringt, lernt das aufgeheizte Outback kennen. In Port Augusta beginnt der 2735 Kilometer lange

die schier endlose Wüstenei der Nullarbor Plain (aus dem Lateinischen: „kein Baum") lebend hinter sich gebracht hatten. Diese Leistung findet in australischen Landkarten Würdigung.

So führt der Eyre Highway weit hinein nach Western Australia. Lake

Groteske Formen haben die Remarkable Rocks (ganz oben) auf Kangaroo Island, landschaftlich sanfter wirkt da die Seal Bay (unten).

# Beutelbären unter Beschuss

**Australiens kuscheligstes Maskottchen ist nicht mehr vom Aussterben bedroht: Insbesondere auf Kangaroo Island leben inzwischen an die 30 000 Koalas – mehr, als der Natur dort guttut. Die Beutelbären drohen die Insel kahlzufressen.**

Schnelles Handeln tut not. Engagierte Tierfreunde müssen jetzt umdenken. Aber keine Bange, den Koalas droht kein Todeskommando – zumindest vorerst nicht! Mit Pfeilen wird den Tieren hoch oben in den Baumwipfeln lediglich ein hormonelles Verhütungsmittel injiziert, das die Weibchen zwei Jahre lang unfruchtbar machen soll. Ähnliche Experimente der Zoologen, bei denen Hormonimplantate unter das Fell verpflanzt wurden, verliefen erfolgreich. Ganz im Gegensatz zu kostspieligen Versuchen, die Koalas zu sterilisieren oder umzusiedeln.

Mit Frühlingsbeginn kündigen laute, bellende Rufe des Koala-Männchens seine Paarungsbereitschaft an. Aber es kann noch Monate dauern, bis das

Modell für die Teddybären

rüde Werben vom Weibchen angenommen wird. Der Paarungsakt selbst geht dann einher mit Beißen und Kratzen – keine Spur von liebevollem Liebesleben. Bereits 35 Tage später kommt das Junge zur Welt, gerade mal 2 Zentimeter groß und 500 Gramm schwer – doch kräftig genug, in den Beutel und an die Zitze der Mutter zu krabbeln. Wenn ihm die ersten Eukalyptusblätter schmecken, ist es etwa 30 Wochen alt.

Eyre heißt der größte, meist ausgetrocknete Salzsee. Mit 17 Metern unter Meeresniveau befindet sich hier die tiefste Stelle auf dem Kontinent. Dieses Bassin war im 20. Jahrhundert nur drei Mal komplett als See gefüllt, zuletzt 2011. Die Eyre Peninsula hingegen ist mit freundlichen Fischerhäfen, ländlichen Ortschaften, Weizenfeldern, Weideflächen und weltweit gerühmten Surfstränden letzter Außenposten der Zivilisation, bevor im Westen die menschenleere Nullarbor Plain beginnt. „Wer unterwegs nach Perth ist, sollte hier noch einmal haltmachen, um zu tanken und sich mit Vorräten, vor allem mit ausreichend Trinkwasser einzudecken." Der geschäftstüchtige Besitzer des Cactus Café in Ceduna hält allerhand in Zellophan eingewickelte Snacks für die kurze Rast der Durchreisenden parat. In dem 3500-Einwohner-Flecken treffen Eyre und Flinders Highway aufeinander.

Und dass ein gut ausgerüstetes Auto Voraussetzung für eine Tour durchs Outback ist, versteht sich von selbst. Ebenso wichtig aber ist die Routenplanung, denn für die Durchquerung diverser Aborigines-Gebiete muss man zuvor eine Genehmigung („permit") einholen.

## SCHROFFE FELSBERGE, BUNTE BLÜTENPRACHT

Die Kleinstadt Port Augusta profitiert nicht nur vom Knotenpunkt transaustralischer Highways – hier treffen Stuart, Lincoln und Eyre Highway aufeinander –, sondern auch als Tor zu den Flinders Ranges. Den eindrucksvollen Teil des schroffen Berglands schützt ein Nationalpark. Dort hinein rollt man erst ganz kommod auf asphaltierter Straße. Zumindest bis Wilpena, der touristischen Anlaufstelle für alle Besucher. Auf die Schotterpisten dahinter sollten nur Allradfahrer, auf die schmalen Pfade nur Wanderer. Die fühlen sich prompt magisch angezogen vom Wilpena Pound, dem spektakulären Naturamphitheater, das nur durch eine Felsschlucht zugänglich ist.

Typisches Hinweisschild auf Kangaroo Island

# So schmeckt's australisch

*Vor der Ankunft der Europäer basierte der Speiseplan der Ureinwoh-
ner auf dem, was die Natur hergab. Nach gut zweihundert Jahren
erlebt die „Native Australian Cuisine" eine erstaunliche Renaissance.*

Krokodile sind zum Fürchten – aber Australier haben sie inzwischen zum Fressen gern. Nicht nur weil das weiße Fleisch der Riesenreptilien mundet, sondern auch weil es fettarm und frei von hormonellen Zugaben oder Antibiotika ist. „Croc" essen ist gesund. Ebenso zu empfehlen sind Emu und Känguru.

### KURZ GEBRATENES

Das feste Fleisch der Kängurus hat viele Proteine, aber wenig Cholesterin, tut also Herz und Hüfte gleichermaßen gut. Laut einer neueren Studie der University of Western Australia sind in ihrem Muskelfett bis zu fünf Mal mehr ungesättigte Fettsäuren enthalten als zum Beispiel in dem der Schafe. Im Outback halten inzwischen nicht nur Naturschützer die Zucht von „roos", wie die Beuteltiere im Volksmund genannt werden, für ökologisch sinnvoll. Das trockene Land käme mit seiner kargen Vegetation weniger zu Schaden als unter den Hufen der großen Rinder- und Schafherden. Oberstes Gebot bei der Zubereitung von Kängurufleisch: bloß nicht zu lange in der Pfanne lassen!

Emu-Fleisch, das in den Handel kommt, stammt generell von Farmen. Es wird als Geflügel deklariert, obwohl es im Geschmack mehr dem Rindfleisch ähnelt. Innen fast noch roh, schmeckt es aus der Pfanne oder vom Grill am besten. Auch Krokodilfleisch wird zäh, wenn es zu lange auf dem Herd gart. Es kommen nur gezüchtete Reptilien auf den Tisch. Delikat und ein seltener Leckerbissen sind Possums.

Appetitlich sieht aus, was von Australiens „native food" so auf den Tisch kommt – auch der Krokodil-Hamburger.

### BESINNUNG AUF „NATIVE FOODS"

Innovative Küchenchefs haben leckere Zutaten aus eigenen Landen neu entdeckt. In Kombination mit Rezepturen aus aller Herren Länder bringen sie seither moderne australische Küche auf den Tisch. Zum Beispiel mit asiatisch-italienischem Einschlag, wenn Känguru-Carpaccio unter einer Würze aus Ingwer, Koriander und Soja-Sauce den Gaumen betört. Und Australiens erster „indegineous" Chefkoch, der Aborigine Mark Olive, alias „The Black Olive", mischt die kulinarische Szene inzwischen weltweit auf.

### BUCHTIPP

*Kochen wie im Outback*
*Andrew Dwyer hatte die Idee, Outback-Kost für die häusliche Küche zu modifizieren. Ein gelungenes Experiment, wie zig Rezepte plus lesenswerte Anekdaten in seinem reich bebilderten Buch aufzeigen („Outback – Recipes and Stories from the Campfire", Miegunyah Press).*

*Innovative Küchenchefs bringen moderne australische Küche auf den Tisch.*

# Infos

# Kreuzfahrt-Romantik und Täler voll Wein

**Adelaide und die ebenso waldreiche wie weinselige Umgebung können den Reisenden sehr lange festhalten. Auch die Abenteuer verheißenden Trockengebiete im Norden lassen nicht so bald los, zumal die enormen Distanzen so manchen Reisetag verschlingen. Nicht zu vergessen die mit wunderschönen Stränden gesegnete, dennoch dünn besiedelte Eyre Peninsula. Wirklich schade wäre, wenn keine Zeit für das Naturparadies von Kangaroo Island bliebe.**

## 01 ADELAIDE

Die Hauptstadt des Bundesstaates South Australia schüchtert Besucher nicht als vibrierende Metropole ein. Vielmehr macht entspannt südländisches Flair schnell vertraut mit der überschaubaren City. Freie Siedler haben im ersten

**Tipp**

## Unterwegs mit der Tram

In South Australia gibt es nur noch eine einzige Straßenbahnlinie: Die Tram verkehrt täglich zwischen der Innenstadt von Adelaide und dem freizeitlich gestimmten Seebad Glenelg – eine halbe Stunde Schienenfahrt vom Victoria Square hinaus zur lebhaften Jetty Road, bequemer kann man eigentlich nicht zum populärsten Strand der Stadt gelangen. Immer an sonnigen Wochenenden wird es eng in der Bahn mit ihren modern ausgestatteten, klimatisierten Fahrgasträumen. Mit Glück erwischt man eine der dunkelroten historischen Trams.

*Auskünfte beim Adelaide Metro Info-Centre, Ecke King William/Currie St. oder telefonisch per InfoLine: 82 10 10 00, www.adelaidemetro.com.au Mo.–Fr. 5.45–0.30, Sa./So. 7.20–0.30 Uhr, alle 5 bis 20 Min., je nach Tageszeit*

Drittel des 19. Jh.s den Grundstein gelegt – keine Sträflinge, wie es zu jener Zeit auf dem Kontinent Usus war. Adelaide erinnert stolz an Colonel William Light, der die Stadt damals mit breiten Boulevards und großzügigen Grünanlagen zukunftsweisend geplant hat. In den letzten Jahren gedieh es zum anerkannten Feinschmecker-Treff mit respektablen Restaurants.

## Sehenswert

Vom **Montefiore Hill** nördlich des Torrens Lake aus hat William Light angeblich den Grundriss für Adelaide erdacht. Deshalb wurde der auch heute lohnende Aussichtspunkt unweit der City als **Light Vision** bezeichnet und mit einer Statue des Stadtgründers versehen. Über die in der Region beheimateten Kaurna-Aborigines erfährt man eine ganze Menge im **National Aboriginal Cultural Institute**, Tandanya genannt (253 Grenfell St., tgl. 10.00 bis 17.00 Uhr, www.tandanya.com.au). Im Nordwesten der City (14 km vom Zentrum) entführt **Port Adelaide** in die kolonialen Anfänge der Stadt, als es noch rau zuging in dem Hafenviertel und Segelschiffe Immigranten an Land entließen. Ein Spaziergang durch die engen Straßen dort zeigt ansehnlich restaurierte Fassaden und einen stattlichen **Leuchtturm** (1868), den sonntags ein Flohmarkt umgibt.

## Museen

Geradlinig führt der westliche Abschnitt der North Terrace zu Kultur und Historie: Im **South Australian Museum** beeindrucken naturkundliche Ausstellungen, allen voran die Aboriginal Cultures Gallery (tgl. 10.00–17.00 Uhr). Nebenan demonstriert die **Art Gallery of South Australia** selbstbewusst bildende Kunst von Down Under (tgl. 10.00–17.00 Uhr). Und das **Migration Museum** hinter dem South Australian Museum erinnert an die zahllosen Einwanderer, die Abenteuer auf hoher See bestehen mussten, um endlich australischen Boden betreten zu können (Mo.–Fr. 10.00–17.00 Uhr, Sa., So., Fei. 13.00–17.00 Uhr).
Der abenteuerlichen Seefahrtsgeschichte widmet sich in Port Adelaide auf rührende Weise das **South Australian Maritime Museum** (126 Lipson St., tgl. 10.00–17.00 Uhr).

## Hotels

Wer nostalgische Unterkünfte bevorzugt, findet in der **€€/€€€ North Adelaide Heritage Group** (Tel. 08/82 72 13 55, www.adelaideheritage.com) über ein Dutzend liebevoll restaurierter Gästehäuser. Dezent designte Eleganz und geräumige Erker-Zimmer finden sich im **€€ Majestic Roof Garden** (55 Frome St., Tel. 08/81 00 44 00, www.majestichotels.com.au) oberhalb der Rundle Street. Gutes Preis-Leistungs-Verhältnis. 120 Zi.

South Australian Museum in Adelaide

## Restaurants

**€€/€€€ Auge**, 22 Grote St., Tel. 08/84 10 93 32, Di.–Sa. Pasta, Pesto und Polenta schmecken nirgendwo in der Stadt typischer.
**€/€€ Cibo**, 218 Rundle St. (Ecke Frome St.), Tel. 08/82 32 91 99. Spitzen-Baristas brühen in dem kleinen Café richtig auf: italienische Kaffee-Spezialitäten aus eigener Röstung..
**€/€€ Esca**, 15 Marina Pier, Holdfast Shores, Tel. 08/83 76 69 33. Feine italienische Küche am Yachthafen des Stadtteils Glenelg.

## Ausflüge

Freizeit-Atmosphäre verheißen sowohl **Glenelg** (10 km südwestl.) als auch **Semaphore** (15 km nordwestl.). Beide Stadtteile Adelaides sind von paradiesischen Sandstränden gesäumt und an sonnigen Wochenenden von Ausflüglern bevölkert. Während Semaphore noch vom verblichenen Glanz als traditionelles Seebad zehrt, hat sich Glenelg zum mondänen Badeort mit glasverbrämten Apartmentanlagen und schick gestylten Lokalen am Yachthafen gemausert. Ca. 80 km südlich bietet **Victor Harbor** auf der Fleurieu Peninsula (s. u.) tierische Erlebnisse: eine Kolonie von Zwergpinguinen (Führungen in der Dämmerung), Wale, die zwischen Juni und September vor der Küste auftauchen, sowie im Below Decks Shark Aquarium (tgl. 11.00–17.00 Uhr) Haie und Mantarochen. Alles über die Giganten der Meere erfährt man im **South Australian Whale Centre** (2 Railway Tce, tgl. 11.00–16.30 Uhr, www.sawhalecentre.com).

## Umgebung

Die ersten Siedler zogen im Winter von der Küste hinauf in die östlich von Adelaide ansteigenden Hügel, weil der dichte Baumbestand dort genug Feuerholz hergab. Noch heute sind die **Adelaide Hills**, nur eine halbe Stunde Fahrt von der City entfernt, von Wald bedeckt. An Sommertagen genießen die Städter die erfri-

# Infos

schende Höhenluft. Naturfreunde kommen wegen der Spazierwege unter dem Schatten spendenden Grün des **Mount Lofty Botanic Garden** oder wegen der Tiere in den Gehegen des benachbarten **Cleland Wildlife Park** (Summit Road, Cleland, tgl. 9.30–17.00 Uhr). Kaum einer, der nicht zu Fuß – oder mit dem Auto auf kurviger Straße – zum **Mount Lofty Summit** vorstößt, um sich auf 727 m Höhe an herrlichen Blicken über Adelaide zu erfreuen. Unten im Tal vermarktet **Hahndorf** (ca. 20 km südöstl.) hemmungslos seine deutschstämmige Vergangenheit und gaukelt Besuchern mit bierseliger Stimmung typische Gemütlichkeit vor. Die im Visitor Centre (41 Main St.) erhältliche Broschüre „Historical Hahndorf Walk" begleitet bei der historischen Spurensuche. Im Süden von Adelaide ragt die **Fleurieu Peninsula** in den Ozean vor, eine ruhige, ländlich geprägte Region. Rund um die Ortschaft **McLaren Vale** (ca. 35 km südl.) erstreckt sich das älteste Weinanbaugebiet Australiens. Geschützte Badestrände findet man vor allem an der Westseite beim **Aldinga Beach**. Das populärste Seebad ist allerdings **Goolwa** im Südosten, von wo Bootsausflüge über den Lake Alexandrina und weiter den Murray River hinaufführen. Etwa 50 km nördlich von Adelaide

## Tipp

## Zu Gast bei den Winzern

Rund 400 Winzer gibt es inzwischen im Barossa Valley, besuchen sollte man: Wolf Blass Wines, auch wegen des Weinmuseums (Sturt Hwy, Nuriootpa, www.wolfblass.com.au); die einem imposanten Herrensitz ähnelnden Gemäuer der Seppelt Winery westlich von Nuriootpa (Seppeltsfield Rd., Seppeltsfield, www.seppelt.com.au); und in Tanunda Peter Lehmann Wines (Para Rd., www.peterlehmannwines.com), weil einige Tropfen außerordentlich edel sind, Bethany Wines (Bethany Rd., www.bethany.com.au) und Vino Tinto (Krondorf Rd., www.villatinto.com.au), weil die Roten so temperamentvoll argentinisch runtergehen. Das Visitor Centre bucht geführte Weinproben, bei denen sich Weine auch für Autofahrer ohne Reue verkosten lassen. An die 25 örtlichen Kellereien beteiligen sich alljährlich am Barossa Gourmet Weekend im August in und um den Ort Tanunda.

*Barossa Wine & Visitor Centre,*
*66–68 Murray St., Tanunda,*
*Tel. 08/85 63 06 00*

beginnen die leicht hügeligen Rebenfelder des **Barossa Valley** (www.barossa.com), an Wochenenden ein beliebtes Ausflugsziel der Städter. Als Ausgangspunkt für Weinproben bietet sich Tanunda an.

### Information

*South Australian Visitor & Travel Centre, 18 King William St., Adelaide, Tel. 08/83 03 20 33 od. 1300 65 52 76, www.southaustralia.com; Port Adelaide Visitor Centre Ecke Commercial Rd./Saint Vincent St., Tel. 08/84 05 65 60*

## 02 KANGAROO ISLAND

Die drittgrößte Insel Australiens beschert Natur pur, die Wildnis hier ist noch weitgehend intakt. Damit das so bleibt, steht ein Drittel der Fläche unter Schutz. Von Cape Jervis/ Fleurieu Peninsula aus erreicht man **Kangaroo Island ▶ TOP-ZIEL**, das dem grauen Tamar-Känguru seinen Namen verdankt, per Autofähre. Sie legt in **Penneshaw** an (tgl., Sealink, Reservierung: Tel. 13 13 01, www.sealink.com. au). Von Adelaide werden schnelle Flüge (Rex Regional Express, www.rex.com.au, oder der Charterflieger Air South, www.airsouth.com.au) und anstrengende Tagestouren per Bus (Sealink) angeboten.

### Sehenswert

Im **Cape Gantheaume Conservation Park** im Süden kann man Schwärme von Vögeln an der Murray's Lagoon beobachten, im **Seal Bay Conservation Park** nebenan führen Ranger an einer großen Seelöwen-Kolonie auf dem Strand vorbei (tgl. 9.00–16.00, im Sommer bis 19.00 Uhr), im weitläufigen **Flinders Chase National Park** am Westrand der Insel gibt es neben zahlreichen Kängurus und anderen Tieren eine zu grotesken Formen erodierte Kalkstein-Küste zu sehen, darunter den Admiral's Arch. Zent-

Der Flinders Chase National Park erstreckt sich im Westen von Kangaroo Island.

rum der touristischen Infrastruktur (Unterkünfte u.a.) über die Insel ist **Kingscote**.

### Information

*Kangaroo Island Gateway Visitor Information Centre, Howard Drive, Penneshaw SA 5222, Tel. 08/85 53 11 85, www.tourkangarooisland.com.au*

## 03 PORT AUGUSTA

Die Kleinstadt ebnet den Weg zu den entlegenen Wildnis-Regionen: der Eyre Peninsula im Westen und den Flinders Ranges im Norden. Zunächst enttäuscht sie als Industriestandort, versöhnt dann aber mit ihrem hübschen historischen Zentrum und der Waterfront. Der geschützte Naturhafen war Mitte des 19. Jh.s Anlass der Ansiedlung. Dann kam der Eisenbahnanschluss. Heute halten am Bahnhof sowohl der Ghan als auch der zwischen Sydney und Perth verkehrende Indian Pacific.

### Sehenswert

Im **Wadlata Outback Centre** im Norden der Stadt bekommen Durchreisende auf dem Weg ins abweisende Hinterland einen unzweifelhaften Eindruck von dem, was sie erwartet. So mancher bis dato ahnungslose Tourist kehrt hier lieber um, zum Glück. Aber auch in der Ausstellung bekommt man eine Ahnung von den Gefahren wie auch von der Faszination, die vom Outback ausgehen. Auf 20 ha demonstriert der **Australian Arid Lands Botanic Garden**, wie viele Pflanzenarten in den verschiedenen Trockenzonen überleben können (Stuart Hwy., tgl. 7.00 Uhr bis Sonnenuntergang).

### Hotel

Futuristisch mutet der Komplex **€ / €€ Oasis Apartments** (Marryatt St., Tel. 08/ 86 48 90 00, www.majestichotels.com.au) mit Apartments für Selbstversorger an der Wharf an. Bessere

DuMont Aktiv

Ausblicke bieten die etwas teureren Zimmer in der oberen Etage. 75 Apartments.

## Umgebung

Schöne Strände und kahle Klippen rahmen die spitz zulaufende **Eyre Peninsula** südlich von Port Augusta. Wer frische Austern mag, muss in die Coffin Bay, wo die Schalentiere gezüchtet werden. Das Dutzend gibt es für ca. 9–10 Dollar auf die Hand. In der Baird Bay kann man mit Seelöwen und Delfinen schwimmen (außer Juni–Aug., Baird Bay Charters & Ocean Eco Tours, Tel. 08/86 26 50 17, www.bairdbay.com). **Ceduna,** mit Tankstelle, Einzelhandel und Gastronomie, ist der letzte Außenposten vor der Durchquerung der Nullarbor Plain. Surfer zieht es an den Back Beach oder an den Cactus Beach, unweit der Grenze zu Western Australia. Durchreisende übernachten gut auf dem Ceduna Foreshore Caravan Park (25 Poynton St., Ceduna, www.cedunaforeshorecaravan-park.com. au) und werden preiswert satt im Cactus Café in Ceduna (52 Pyonton St.).

## Information

*Visitor Centre (angeschlossen an das Wadlata Outback Centre), 41 Flinders Tce., Port Augusta, www.wadlata.sa.gov.au*

## 04 FLINDERS RANGES NATIONAL PARK

Wer im Frühling den Nationalpark besucht, erlebt eine wahre Farborgie aus üppig erblühten Wildblumen inmitten von rotem Granit und schwarzem Basalt der uralten Bergregion. Aber auch die einzigartige Landschaft ist die 160 km lange Anreise von Port Augusta wert.

## Sehenswert

Der enorme Felskessel des **Wilpena Pound** ist nur durch eine enge Schlucht erreichbar. Weiter nach Norden haben Geländewagen eindeutig Vorfahrt. Zu Fuß ist der 3 km lange Weg hinauf zum **Wangara Hill Lookout** zu empfehlen. Wer topfit ist, schafft die Tageswanderung um das natürliche Amphitheater steil aufwärts zum knapp 1200 m hohen St. Mary's Peak.

## Unterkunft

Alle Wege führen zum €€ **Wilpena Pound Resort,** eine Art kommodes Basislager zur weiteren Erkundung des Parks (Tel. 08/86 48 00 04 oder 1800 80 58 02 www.wilpenapound.com.au).

## Information

*Wilpena Pound Visitor Centre: Flinders Ranges National Park, Tel. 08/86 48 00 48 (auch Verkauf der „permits" für den Einlass in den Nationalpark)*

# Raddampfer-Romantik

*Wenn der Murray River durch den Bundesstaat South Australia mäandriert, ist er dank des einmündenden Darling River zu stolzer Breite angeschwollen. Wie geschaffen für eine nostalgische Flusskreuzfahrt im gemächlichen Reisetempo der Pionierzeit.*

Auf modernen Komfort muss niemand verzichten, der an Bord des „PS Murray Princess" geht. Der größte Paddlesteamer (kurz: PS) Australiens ist kein restaurierter Oldtimer, sondern eine schmucke Replik historischer Raddampfer. Ein Schiffstyp mit viel Platz, aber ohne viel Tiefgang, der auf dem Murray River Tradition hat. Bis ins 20. Jahrhundert fungierte der Fluss als Hauptverkehrsader.

### LANGEWEILE EXKLUSIVE

Der „PS Murray Princess" ist für anspruchsvolle Touristen gebaut: behagliche Kabinen mit jeweils eigener Nasszelle für maximal 128 Passagiere. Es gibt reichlich zu essen und zu trinken, und bevor an Deck Langeweile aufkommen könnte, dreht das Unterhaltungsprogramm richtig auf. Auf Landgängen erzählt der Kapitän gern mal über Flora und Fauna. Zwischen den Schleusen, die den Fluss erst schiffbar machen, legt der Raddampfer immer mal wieder zu Weinproben oder einer Partie Golf an. Man kann eine Schafsfarm besuchen und sich den Ngaut Ngaut Conservation Park anschauen, der bedeutsame archäologische Zeugnisse der Aborigines bewahrt – bis schließlich ein festliches Farewell Dinner an Bord der Flusskreuzfahrt ein eindrucksvolles Ende setzt.

Fortkommen wie in alten Zeiten

## WEITERE INFORMATIONEN

**Angebot:** Mit dem „PS Murray Princess" sind verschiedene Flusskreuzfahrten möglich, mit 3, 4 oder 7 Übernachtungen, ab ca. 800 A$ inkl. Vollpension. Abfahrt ist jeweils in Mannum, etwa 25 km nördlich von Murray Bridge (Transfer nach Adelaide möglich).

**Veranstalter:** Captain Cook Cruises, Tel. 02/92 06 11 00, 1800 80 48 43, www.captaincook.com.au

# Unter der sengenden Sonne

*Wo nackte Felslandschaft unter der Sonne betörend errötet, pocht das uralte Herz Australiens: Massiv erhebt sich der Uluru (Ayers Rock) aus der weiten Ebene des Red Centre. Heißer Staub, kaum Wasser, kaum Vegetation – für die Siedler wurde das lebensfeindliche Outback zur andauernden Herausforderung. Für die Ureinwohner kreuzen sich hier seit Jahrtausenden die Traumzeit-Pfade.*

Sonnenuntergang am Ayers Rock: Viele Besucher bleiben noch über Nacht bis zum Sonnenaufgang.

Enge, zerklüftete Schluchten charakterisieren die MacDonnell Ranges.

Nur ein Riese kann doch wohl die mächtigen Felsbrocken, die Devil's Marbles, wie Murmeln hierhergeworfen haben ...

Nach stundenlanger Fahrt durch das heiße Red Centre kommen sie endlich in den Blick, die Felsen des Uluru-Kata Tjuta National Park.

Die Kängurus gehören einfach dazu.

# In einem Zug durchs Outback

**Nach 126 Jahren Bauzeit, am 2. Februar 2004, hieß es endlich „Bahn frei" für die wohl berühmteste Eisenbahnstrecke Australiens. Seitdem durchquert der Ghan die leere Wildnis im Innern des Kontinents, eine Reise der Superlative zwischen Adelaide und Darwin: über 22 Breitengrade hinweg und durch vier Klimazonen, knapp 3000 Kilometer und an die 50 Stunden lang.**

Der weitgehend einspurige Schienenstrang verbindet – eine Alternative zum Stuart Highway – die Küsten im Norden und Süden. Früher ein Traum aller Pioniere, die ihr Leben riskierten, um weiter in die von ungeheurer Hitze gequälte Wüste vorzudringen. Für Kamele ist sie ideales Terrain. Also wurden die Höckertiere im 19. Jahrhundert samt Treibern aus Afghanistan geholt. Daher leitet sich der Name „Ghan" ab. Überwiegend Touristen buchen die Eisenbahnfahrt. Viele im Seniorenalter, weshalb an den Bahnhöfen spezielle Ein- und Ausstiegshilfen gute

Der Ghan, ein Muss für Eisenbahnfans

Dienste tun. Wer in den Red-Kangaroo-Abteilen Platz nimmt, muss im Sitzen schlafen und ist deshalb wohl deutlich jünger. Die Komfort-Alternative mit Aufpreis heißt „Gold Kangaroo". Für alle gleich in den auf konstante 23 °C herunterklimatisierten Kabinen ist der Ausblick durch die doppelt verglasten Scheiben: auf Kängurus und Rinder – bis die ausgedörrte Unendlichkeit unter blauem Himmel die Augen anstrengt.

Die nördlichen Wohnviertel von Port Augusta verschwinden im Rückspiegel, vor der Kühlerhaube flimmert Asphalt in der Mittagshitze, der Bewuchs am Straßenrand wird zusehends spärlicher, die Fliegenschwärme draußen dafür dichter und spürbar lästig: Kein Zweifel, der Stuart Highway dringt unaufhaltsam in das knochentrockene Innere des Kontinents vor. Der Highway folgt dem Verlauf der 1872 gebauten transaustralischen Telegrafenleitung, seit Mitte der 1980er-Jahre immerhin durchgehend asphaltiert. Wer den Stuart Highway befährt, ist auf Gedeih und Verderb den mehrere Hundert Kilometer auseinanderliegenden Roadhouses ausgeliefert. Doch die weitgehend immer noch aus Wellblech und Brettern zusammengenagelten Rasthäuser funktionieren nicht nur als Treibstoff- und Trinkwasser-Depot, sondern auch als soziale Begegnungsstätte, wo im kühl gehaltenen Gastraum Outback-Bewohner Trucker und Touristen bei heißem Kaffee, eiskaltem Bier und deftiger australischer Hausmannskost aufeinandertreffen. Nirgendwo sonst kommt man schneller miteinander ins Gespräch.

### ELDORADO FÜR GLÜCKSRITTER
Am Stuart Highway liegt so mancher Abenteuerschauplatz. Der bizarrste ist

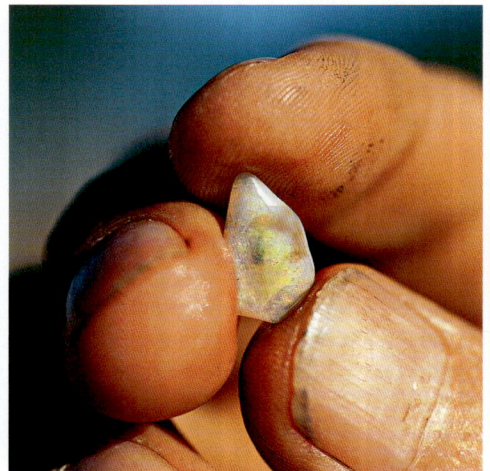

In der Landschaft am Stuart Highway kontrastiert eine Schlucht wie die Glen Helen Gorge (ganz oben) in der West MacDonnell Ranges mit den Abraumhalden der Opalminen. Denn die Region ist prall gefüllt mit Opal-Adern (oben und rechts).

Auch die Trephina Gorge gehört zum Schluchtensystem der MacDonnell Ranges.

unstrittig Coober Pedy. Die Minen-Siedlung schreckt über der Erdoberfläche als heiße Hölle, verheißt aber unterhalb den Himmel auf Erden: Über 80 Prozent der weltweit geschürften Edelsteine stammen von hier. Ein „place to be" für Haudegen, gescheiterte Schicksale, die stets auf der Jagd nach schnellem Reichtum sind. Trotz sengender Sonne zeigen viele Gesichter fahle Haut, bedingt durch das Leben im Untergrund. Denn selbst Restaurants, Hotels, Kirchen, Museen und viele Wohnungen befinden sich unter der Erde.

Längst folgt niemand mehr dem Lockruf des Goldes nach Tennant Creek, das endlose 1370 Kilometer weiter nördlich am Highway kauert. Die blasse Outback-Siedlung erwachte ekstatisch in den 1930er-Jahren als „Heart of Gold" (Herz aus Gold) zu einem kurzen und bisher letzten Goldrausch auf dem Kontinent. Heute werden in den Minen vor allem Kupfer und andere Edelmetalle gefördert. Col Bremner ist erst über 70 und kommt schon allein deshalb nicht als Zeitzeuge infrage. Doch wenn er Touristen durch die alten Stollen seiner „dot mine" führt und lebhaft von den goldenen Zeiten erzählt, könnte man meinen, er sei tatsächlich dabei gewesen. Col Bremner hat Tennant Creek 1956 kennengelernt, als die Goldadern ausgebeutet, aber die meisten Gebäude

noch immer aus Wellblech waren. „Wasser galt als so wertvoll wie Gold", weiß er, „jeder Tropfen musste von weit her in den Ort gekarrt werden."

### MITTENDRIN SPRUDELT WASSER

Alice Springs – von den Einheimischen mit dem Kosenamen „The Alice" bedacht – taucht am Outback-Horizont wie eine Fata Morgana auf. Umgeben von weiter, staubiger Einöde und flankiert von den schroffen Höhen der MacDonnell Ranges, ist die Wüsten-Stadt überraschend lebendig. Etwa 27 000 Menschen sind hier zu Hause, nicht mitgerechnet die Aborigines, die am späten Vormittag, wenn die Kneipen öffnen, wie aus dem Nichts kom-

Dabei liegt die „Leben spendende Quelle" an den mystischen Traumpfaden der Ureinwohner. Sie trafen, wie von einem unsichtbaren Kompass geführt, auf die ferne Wasserstelle und erlegten dort Kängurus und anderes Jagdwild. Die Wasserstelle („springs") kam den aus Europa vordringenden Pionieren gerade recht. 1872 errichteten sie hier eine Telegrafenstation. Was anschließend lange Zeit nicht nach außen drang, war das Vergehen an Kindern aus Verbindungen von Aborigines und Europäern. Die sogenannten „half caste kids" wurden ihren farbigen Müttern noch bis Mitte der 1960er-Jahre entrissen, in Heimen großgezogen oder weißen Paaren zur Adoption angeboten.

## *Alice Springs ist umgeben von weiter, staubiger Einöde.*

merd schweigsam das Zentrum bevölkern und später im Schatten ihren Rausch ausschlafen. Touristen auf Besichtigungstour schauen meist schockiert zur Seite. Dabei ist es um die Ureinwohner in keiner Stadt Australiens viel besser bestellt. Allein hier scheint das Trauerspiel allgegenwärtig.

### ZUM HEILIGTUM DER ANANGU

Am Erlunda Roadhouse den Blinker setzen und dem rechtwinklig abzweigenden Lasseter Highway in das westliche Abseits des Outback folgen – weg vom Stuart Highway: So gelangen die Touristenströme auf dem Landweg zum Uluru (Ayers Rock), der in etwa die geo-

Das Erlebnis außergewöhnlicher Natur belohnt die Ausdauer bei der Reise durch das Red Centre: Tief eingeschnitten ist der King's Canyon (ganz oben). Eine geführte Wanderung zum Ayers Rock (oben) oder durch die Landschaft der Kata Tjuta vermittelt einiges von der Mystik dieser Stätten.

Die Aborigines erwarten Respekt vor ihren heiligen Stätten.

grafische Mitte des Kontinents markiert. Die meisten Überlandbusse machen 50 Kilometer weiter halt am Mt. Ebenezer Roadhouse, Gelegenheit, um zwischen Toilettengang und Imbiss die eigenwillige Kunstgalerie neben dem Gastraum zu besuchen.

Plötzlich und beinahe zaghaft kommt der Uluru (Ayers Rock) dann schließlich ins Blickfeld, berühmt als Wahrzeichen Australiens und von den hier beheimateten Anangu-Aborigines als sakraler Ort verehrt. Von daher auch die ausdrückliche Bitte der Eingeborenen, den Berg nicht zu besteigen und keine Steine mitzunehmen. Zur Belohnung gibt's im Souvenir Shop T-Shirts mit

dem Aufdruck „I didn't climb Ayers Rock" zu kaufen.

### TRAUMZEITLEGENDEN
Selbst hartgesottene Outback-Typen respektieren die mystische Bergwelt, nehmen den Hut ab vor dem Uluru (Ayers Rock) und beschreiten ehrerbietig die Wanderpfade durch die Felskuppeln der Kata Tjuta, von den Europäern „The Olgas" getauft.

1985 wurde das Gebiet den Aborigines als Stammesland zurückgegeben. Nach ihrem Schöpfungsmythos, der sogenannten Traumzeit, entstand der Uluru, als sich die Regenbogenschlange im Erdinnern aufrichtete und dabei den

Fels an die Oberfläche drückte. Seit jeher haben die Ureinwohner hier religiöse Zeremonien abgehalten, jede Höhle, Wasserstelle, jeder Felsvorsprung hat eine spirituelle Bedeutung. Es gibt Stätten, die traditionell nur für Männer oder Frauen bestimmt waren. Und es gibt Orte, an denen bis heute nicht gesprochen werden darf. Die Anangu bieten Führungen an, die das geheimnisvolle Land mit Augen der Ureinwohner erleben lassen. Legenden aus der Traumzeit gehören dazu. Der auf Logik fixierte Menschenverstand kann die nur mündlich überlieferten Geschichten aus der Traumzeit eigentlich gar nicht mehr begreifen ...

# Schule per Internet – School of the Air

*Als stellvertretender Leiter der School of the Air in Alice Springs macht William Newman Unterricht für Kinder im Outback. Denn die leben isoliert auf den Stations, den Viehzuchtbetrieben weit draußen.*

Wie sieht der Berufsalltag des Lehrers einer School of the Air aus? Was unterscheidet ihn von Lehrern einer ganz normalen Schule? Ein Gespräch mit William Newman bringt Klarheit. Denn als junger Mann verließ er seinen Geburtsort in den Snowy Mountains – eine idyllische Gegend unweit der Quelle des Murray River – und zog vom Bundesstaat Victoria ins Northern Territory: vom grünen Bergland in die staubige Wüste. Abenteuerlust, der Wunsch, sich einer Herausforderung zu stellen, trieb ihn nach dem Studium ins Outback.

**Muss man für ein Leben im Outback geschaffen sein?** Irgendwie schon. Zumindest sollte man nicht auf Karriere und Reichtum aus sein. Bei uns gelten andere Werte: Freundschaft und Hilfsbereitschaft zum Beispiel, der Zusammenhalt, wenn jemand in Not ist. Soziale Kontakte werden umso wichtiger, je isolierter man lebt. Und es geht hier meist beschaulich zu. Wem das zu eintönig ist, der ist hier falsch. Selbst in den Ferien bleibe ich heute lieber in Alice Springs. An die dicht besiedelte Ostküste mit all ihrer Enge, Hektik und Anonymität reise ich nur noch, um Verwandte zu besuchen.

**Wie erklären Sie einem Fremden in fünf Punkten, was die Faszination des Outback ausmacht?** Zunächst ist es die Abgeschiedenheit. Touristen, die für zwei, drei Tage rein- und dann wieder rausfliegen, bekommen sie kaum zu spüren. Zweitens: Die unkonventionelle und entspannte Lebensart, die fällt auch Fremden gleich auf. Drittens: Die Einzigartigkeit der Region, kein Platz auf der ganzen Welt ist vergleichbar. Vier-

An die Lehrer der School of the Air werden hohe Anforderungen gestellt; unerlässlich ist die Bereitschaft, zu reisen – über holprige Pisten zu entlegenen Stations (Farmen) zu fahren.

*Die unkonventionelle, entspannte Lebensart macht einen Teil der Faszination des Outback aus.*

tens: Die Kontraste in dem Lebensraum, vor allem in kultureller Hinsicht, wenn man bedenkt, wie präsent die Ureinwohner hier sind. Und fünftens: Die Schönheit der Natur – allein der Anblick des nächtlichen Sternenhimmels, der zum Greifen nah scheint, wirft mich jedes Mal um.

Was früher der Funk war, ist nun das Internet – Schulunterricht im Medienzeitalter.

*„Es geht hier meist beschaulich zu. Wem das zu eintönig ist, der ist hier falsch ..."*

Form von Hausaufgaben per E-Mail erledigt, beaufsichtigt von Eltern oder einem Tutor.

**Kann man so seine Schülerinnen und Schüler denn richtig kennenlernen?** Natürlich nicht. Deshalb veranstaltet die Schule regelmäßige Treffen, zu denen Schüler und Eltern für vier bis fünf Tage nach Alice Springs kommen. Bei dem bunten Programm helfen Fotos den Lehrern, ihre Schüler zu erkennen – und umgekehrt. Dabei darf man nicht außer Acht lassen, dass die Lehrer das ganze Jahr über mit ihren Schülern im engen Gespräch sind. Vermutlich mehr, als es im Klassenverband einer normalen Schule möglich ist.

**Was macht einen guten Lehrer der School of the Air aus? Ist es schwer, geeignete Bewerber zu finden?** Einfach nur ein guter Lehrer sein ist zu wenig. Bewerber müssen die Bereitschaft zum Reisen mitbringen. Besuche bei den Kindern gehören zur Arbeit. Das bedeutet: über Nacht auf der Station bleiben, nachdem man Hunderte Kilometer mit dem Geländewagen unterwegs war. Ein weiteres Muss ist der versierte Umgang mit elektronischen Medien. Wir erwarten, dass sich neue Lehrer schnell mit der speziellen Software vertraut machen, egal welche Jahrgänge sie unterrichten. Lehrer werden nicht per Anzeige gesucht. Freie Stellen werden von der zuständigen Schulbehörde besetzt. Allerdings haben wir ein Mitspracherecht

**Und was unterscheidet Schüler der School of the Air von ihren Altersgenossen einer gewöhnlichen Schule?** Zuerst sind es die Lebensumstände unserer Schüler auf den isolierten Stationen: Kontakt zu Gleichaltrigen gibt es kaum, dafür mehr Pflichten und weniger Kindheit, als es die Gesellschaft in dichter besiedelten Regionen zulässt. Unsere Lehrer tun alles Mögliche, um Zusammenarbeit und soziale Kontakte zu fördern. Generell sind unsere Schüler besser erzogen und lernen konzentrierter als die Schüler in anderen Schulen. Und es ist schön zu erleben, dass sie neugierig Kontakt aufnehmen, sobald sie bei den regelmäßigen Treffen in Alice Springs Gleichaltrige kennenlernen.

**Heute erfolgt der Unterricht der School of the Air überwiegend via Internet. Das alte Funkradio hat ausgedient. Kommt da schon mal Wehmut auf?** Jede Zeit hat ihre Vorzüge. Und neue Technologien verlangen eben nach anderen Lehrmethoden. Das Internet hat der School of the Air eine ganz neue Qualität verliehen: Die Kommunikation zwischen Schüler und Lehrer ist schneller, intensiver und damit effizienter. Es gibt bei uns neun verschiedene Unterrichtsklassen: Sie reichen von der Vorschule bis zum Abschluss der Grundstufe, das heißt bis zum 12./13. Lebensjahr. In der Regel wird jede Klasse vom Lehrer an drei Tagen in der Woche etwa eine halbe Stunde lang per Internet unterrichtet. Dazu gibt es zehn Minuten Einzelunterricht, einmal pro Woche. Der größte Teil des Lernprogramms wird in

## FAKTEN

### Der Gesprächspartner
*Der 53-jährige William Newman lebt in Alice Springs und bezeichnet sich als „single parent", als alleinerziehenden Vater mit vier Kindern im Alter von 14 bis 17 Jahren.*

### Die Schule
*Die School of the Air liegt im Norden von Alice Springs (80 Head St., tgl.), sie ist die erste dieser Art in Australien.*

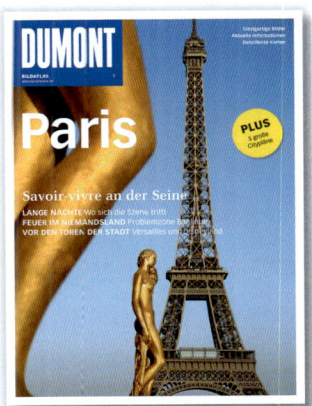

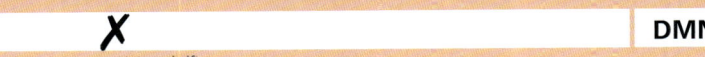

# Gefragt: Reisende mit Ausdauer

**Tiefer kann man nicht in den Kontinent vordringen. Dorthin, wo die westliche Zivilisation erst vor einigen Hundert Jahren die uralten Traumpfade der Ureinwohner kreuzte. Die landschaftliche Monotonie aus roter Ebene unter blauem Himmel auf dem Landweg durchquert der Reisende wissend, dass am Ziel einzigartige Naturerlebnisse für alles entschädigen.**

## 01 ALICE SPRINGS

Die Stadt in der endlos trockenen Wüstenei gleicht keiner anderen auf der Welt, ein heißes Pflaster für gestrandete Abenteurer wie für ambitionierte Glücksritter. Auf der Strecke geblieben sind die Aborigines, die vormittags hier einfallen und dem Alkohol erliegen.

### Sehenswert
Kleiner Hügel, großartige Aussicht: Vom **Anzac Hill** am Nordrand der Stadt reicht der Blick bis zu den zackig aus der Wüstenebene ragenden MacDonnell Ranges – bei gelungenem Sonnenuntergang ein fantastisches „Farbfernsehen".
Die Fernsehserie über die „Flying Doctors" ist längst ausgelaufen, der **Royal Flying Doctor Service** bleibt für entlegene Stations und Ansiedlungen unverzichtbar. Wie die medizinische Versorgung im Outback – selbst im Notfall – erstaunlich gut funktioniert, demonstriert der Besucherservice mit Museum (8–10 Stuart Tce., Mo.–Sa. 9.00–16.00, So. ab 13.00 Uhr).
Die alte Telegrafenstation, ebenfalls im Norden, aus der Alice Springs erwuchs, wurde artig restauriert und als **Telegraph Station Historical Reserve** der Öffentlichkeit zugänglich gemacht. Sie stammt aus dem letzten Drittel des 19. Jh.s und war bis 1932 in Betrieb. Draußen führt ein kurzer Spaziergang zum Wasserloch, nach dem die Stadt „Alice Springs" genannt wurde (Heritage Dr., tgl. 8.00–17.00 Uhr, Führungen April–Okt.).

### Museen
Am Rand der Innenstadt, am Larapinta Drive, bemüht sich der verschachtelte Komplex des

Alice Springs hat einiges zu bieten.

**Alice Springs Cultural Precinct** ein wenig Kultur in die zivilisationsfeindliche Gegend zu bringen: Mit Erfolg, wie die Ausstellungen im **Museum of Central Australia** zeigen. Auch die Kunstsammlung im **Araluen Centre** kann sich sehen lassen, vor allem die Bilder einheimischer Maler. Nicht nur Technik-Freaks kommen im **Aviation Museum** auf ihre Kosten, wo Besucher von luftigen Abenteuern der Flugpioniere im Outback erfahren (Ecke Larapinta Dr./Memorial Ave., Mo.–Fr. 10.00–16.00, Sa., So. ab 11.00 Uhr). Eisenbahnfreunde hingegen werden vom **Old Ghan Museum & Heritage Railway** wie magisch angezogen. Zum liebevoll restaurierten Bahnhof gehört ein altes Teilstück der längs durch den Kontinent führenden Gleise (am Stuart Hwy., 10 km südlich von Alice Springs, tgl. 9.00–17.00 Uhr, derzeit ruht der Lok-Betrieb, Tel. 08/89 52 71 61, www.roadtransporthall.com).

### Aktivitäten
Das Wüstenklima im Innern des Kontinents eignet sich für **Ballonfahrten** unter dem Südhimmel. Einsteigen, aufsteigen und in luftiger Höhe den Atem anhalten. Ein unvergessliches Erlebnis beim Sonnenaufgang, wenn die Landschaft zu leuchten beginnt. Die Landung wird mit einem Sektfrühstück begossen (Outback Ballooning, Tel. 08/89 52 87 23 oder 1800 80 97 90, www.outbackballoning.com.au).
**Rundflüge** mit Alice Springs Helicopters ermöglichen unter anderem einen Blick auf die Glen Helen Gorge, Tel. 08/89 52 98 00.

### Veranstaltung
Im September, wenn der Todd River kein Wasser mehr führt, findet hier eines der verrücktesten Turniere auf dem Kontinent statt: Bei der **Henley on Todd Regatta** wird in bodenlosen Bootsattrappen durch das trockene Flussbett gerannt. Ein fröhliches Volksfest.

### Hotels
Ein angenehmes Komforthotel am Ostufer des Todd River ist das €€ **Crowne Plaza** (Barrett Dr. 82, Alice Springs, Tel. 08/89 50 80 00, www.ichotels.com) mit exzellentem thailändisch-indischem Restaurant (Hanuman, Reservierung empfohlen). Teils Blick auf die MacDonnell Ranges; Pool, 1,5 km bis ins Stadtzentrum, 236 Zi. Die zentrale Lage des €/€€ **Diplomat Alice Springs** (Ecke Hartley Street/Gregory Terrace, Alice Springs, Tel. 08/89 52 89 77, www.diplomatmotel.com.au) ist kaum zu toppen: Zu Restaurants und Fußgängerzone sind es nur wenige Schritte. Die zweistöckigen Unterkünfte gruppieren sich um einen Swimmingpool, der für Abkühlung im Wüstenklima sorgt. 80 Zi. Campingplatz und Gästezimmer im €/€€ **Glen Helen Homestead** an der Glen Helen Gorge

Tipp

### Fahrt durch die Wüste
Der **Alice Springs Desert Park** ist eine Art Wüsten-Biotop: verdammt trocken, aber dafür erstaunlich lebendig. Unterteilt in verschiedene Ökosysteme, überrascht das weitläufige Gelände mit immer neuen Naturphänomenen. Und mit einer Vielzahl von Tieren und Pflanzen, die in der wasserarmen Wildnis überleben können. Die Mischung aus Tiergehege und Erlebnispark ist ebenso informativ wie unterhaltsam. Zumal an der Kasse ein Audioguide auch in deutscher Sprache erhältlich ist und Einheimische vom Typ „Australian Cowboy" die Besucher bei Laune halten. So kann man leicht, trotz Wüstenklimas, ein paar Stunden in dem Naturpark durchhalten.

*Larapinta Dr., westl. von Alice Springs, ca. 25 A$, Tel. 08/89 51 87 83, www.alicespringsdesertpark.com.au, tgl. 7.30–18.00 Uhr*

(Tel. 08/89 56 74 89, www.glenhelen.com.au) sind ideal zum Übernachten, will man frühmorgens zum National Park aufbrechen.

### Restaurant/Bars
Abenteuerlustigen Genießern stillt der €€ **Red Ochre Grill** (Todd Mall, Alice Springs, Tel. 08/89 52 96 14, www.redochrealice.com.au, tgl. ab 6.30 Uhr bis spät) den Appetit auf australisches Wild: Krokodil, Känguru, Emu.
Einige wenige Bars sind auch für Touristen interessant, etwa **Bojangles Saloon & Restaurant** (80 Todd St.) und die **Todd Tavern** (1 Todd Mall). Aber seien Sie vorsichtig: Immer wieder einmal werden tätliche Auseinandersetzungen zwischen Touristen und (meist alkoholisierten) Aborigines gemeldet. Verzichten Sie vor allem darauf, Fotos von den Aborigines zu machen – manche können das gar nicht leiden!

# Infos

## Umgebung

Der Larapinta Drive führt geradewegs westlich aus der Stadt heraus, dorthin, wo der **West MacDonnell National Park** aufregende Schluchten der **MacDonnell Ranges** schützt. Keine Bergkette Australiens ist leichter zugänglich. Bereits nach 25 km tut sich im Felsmassiv **Simpsons Gap** auf, eine begrünte Schlucht, die selbst während der Trockenzeit Wasser führt. Der nächste extrem schmale Einschnitt, **Standley Chasm**, besorgt um die Mittagszeit sonnige Farbenspiele. Noch weiter westlich wartet die **Glen Helen Gorge**.
Zwischen Alice Springs und Darwin hält auf dem Stuart Hwy. Richtung Norden **Tennant Creek** (ca. 531 km) ein wenig auf. Die **Dot Mine** (4 km nördl.) gehört zu den ältesten Goldminen in der Gegend, sie ist längst stillgelegt und birgt allenfalls noch so viel Edelmetall, um Touristen zur Goldsuche zu animieren. Alles über die Goldsuche erfährt man im Battery Hill Mining Centre, ca. 1,5 km außerhalb der Stadt (Peko Rd., Tel. 08/8962 1281, tgl. 9-17 Uhr), wo sich auch die Visitor Information befindet. 115 km südlich von Tennant Creek sieht man am Rand des Stuart Highway die **Devil's Marbles** – des „Teufels Murmeln" – liegen. Vorbei an den riesigen Granitkugeln führt ein rund 20-minütiger Wanderweg.

### Information

*Central Australian Tourism, Ecke Gregory Tce./ Hartley St., Alice Springs, Tel. 08/89 52 58 00, www.centralaustraliantourism.com (ein kleines Büro befindet sich auch am Flughafen).*

## 02 WATARRKA NATIONAL PARK/KINGS CANYON

Südwestlich von Alice Springs (330 km) schneidet der Kings Canyon bis zu 270 m tief in den roten Sandsteinfels des Untergrunds. Überall dort, wo wässrige Überbleibsel des Kings Creek Feuchtigkeit spenden, verleiht überraschend üppige Vegetation dem natürlichen Gesamtkunstwerk, geschützt als Watarrka National Park, grüne Tupfer.

### Sehenswert

Die Alternativroute zum Stuart Highway führt ab Alice Springs zunächst 130 km auf dem Larapinta Drive bis zu der ehemaligen lutherischen **Missionsstation Hermannsburg**, 1878 von deutschen Siedlern gegründet. Den hier lebenden Aborigines vom Stamm der Arrernte wurde nicht nur das Wort Gottes nähergebracht, sondern auch Lesen und Schreiben, Handwerk und Viehzucht. Zu den Schülern gehörte der spätere Künstler Albert Namatjira (1902–1959), dessen Aquarell-Darstellungen in einem der Missionsgebäude ausgestellt sind (tgl. 9.00–16.00 Uhr). Eine Erlaubnis („permit") braucht man nicht zum Besuch der Aborigine-Siedlung, allerdings gibt es keine Übernachtungsmöglichkeit. Dafür birgt die nur 20 km entfernte Palmen-Oase des **Finke Gorge National Park** einen attraktiven Campingplatz. Die Zufahrt dorthin ist holprig, doch die seltenen Marienpalmen sind die Rüttelstrecke wert.

### Aktivität

Der 6 km lange Wanderweg **(Kings Canyon Walk)** oben am Kliff ist schön, aber sehr anstrengend, leichter kommt man auf dem kürzeren Pfad (Kings Creek Walk; 2,5 km) unterhalb, auf dem Grund der Schlucht, voran.

### Information

*siehe Alice Springs*

## 03 ULURU (AYERS ROCK)

Zu Australiens Hauptattraktion sind es rund fünf Stunden Fahrt von Alice Springs durch das

Tipp

## Unter freiem Himmel

Erst ein Aperitif zum brillanten Sonnenuntergang am Uluru (Ayers Rock), dann dürfen die Gäste mitten in der Outback-Wüste an weiß gedeckten Tafeln Platz nehmen. Während Feuerstellen dem kulinarischen Ereignis Licht spenden, beginnen oben am Firmament die Sterne zu funkeln: Das „Sounds of Silence Dinner" bereitet nicht nur Gaumenfreuden in einmaligem Ambiente unter freiem Himmel, sondern serviert auch – praktisch als Augenschmaus nach dem Dessert – spannende Sternenkunde der Südhalbkugel.

*Möglichst frühzeitige Buchung, Tel. 02/82 96 80 10, www.ayersrock resort.com.au, ca. 160 A$*

---

### Tipp

## Postbegleitung

Im 4WD ist noch Platz, und der Briefträger in Coober Pedy nimmt gerne Leute mit. Denn mit etwas Konversation am Lenkrad ist die Tagestour durch flimmernde Hitze und über die rote Wellblechpiste kurzweiliger. Doch getrödelt wird nicht. Der Postdienst legt Wert auf Pünktlichkeit. Ein Stop in der alten Outback-Siedlung Oodnadatta, Gelegenheit, um Proviant einzukaufen. Und schon rumpeln die Reifen wieder runter vom Asphalt, um bald dem berühmten Oodnadatta Track zu folgen. Der den Kontinent durchziehende Dingo-Zaun liegt am Weg ebenso wie „Anna Creek", die größte Rinderfarm der Welt.

*Tel. 08/86 72 52 26, www.desertdiver sity.com oder www.mailruntour.com, 195 A$, Mo. und Do., 8.45 Uhr ab Coober Pedy/Underground Bookshop*

---

leere und in der Regel sehr heiße Red Centre des Kontinents.

### Sehenswert

Bei der Orientierung am Uluru (Ayers Rock) hilft das **Visitor Centre** im Ayers Rock Resort, das eine interessante Ausstellung zur örtlichen Natur (Audioguide in deutscher Sprache) beherbergt. Einlass in den umgebenden **Uluru-Kata Tjuta National Park** ▶TOPZIEL gewährt ein kostenpflichtiges „permit", das drei Tage lang gültig bleibt. Auf jeden Fall sollte Zeit bleiben für eine Wanderung am Fuß des Berges, die von verschiedenen Veranstaltern angeboten werden (z.B. AAT Kings, www.aatkings.com). Inbegriffen ist in der Regel ein Besuch des **Cultural Centre,** (www.environment.gov.au/parks/ uluru), wo Displays und Ausstellungen die Natur am Uluru aus Sicht der Ureinwohner zeigen und Maruku Arts teures, aber hochwertiges Kunsthandwerk verkauft. In Sichtweite, jedoch 42 km entfernt, ragen die Felskuppeln der **Kata Tjuta (The Olgas)** aus dem Wüstenboden. Bei Sonnenauf- und Sonnenuntergang bescheren sie ebenfalls eine lohnende Licht-Show in Rottönen. Durch die Schluchten und Täler führen Wanderwege. Wer sich zu Fuß aufmacht, sollte an ausreichend Trinkwasser denken.

### Unterkunft

Zentraler Übernachtungsplatz am Rand des Nationalparks ist Yulara mit Hotels, Campingplatz, Restaurants und Geschäften, die allesamt vom **Ayers Rock Resort** betrieben werden (Reserv.: Tel. 02/93 39 10 40 oder 1300/ 13 98 89, www.ayersrockresort.com.au).

## Information
*Yulara Visitor Centre, Yulara Dr., Yulara, Tel. 08/89 57 73 77, www.northernterritory. visitorsbureau.com.au, www.travelnt.com, www.australiasoutback.de*

## 04 COOBER PEDY
Auf dem Weg von Alice Springs nach Adelaide führt Coober Pedy unter die Erde.

## Sehenswert
Vorzugsweise besucht man diesen außergewöhnlichen Ort im Rahmen einer Tour u. a. durch **Opalmine** und **Höhlenwohnung,** „dugout" genannt (Buchung im Visitor Centre, siehe unten). Selbst Kirchen laden zu Gottesdiensten oder einem Stoßgebet in den Untergrund ein. Die **Serbian Orthodox Church** lohnt zumindest einen tiefen Blick ins mystisch anmutende Felsgewölbe (Flinders St., tgl. 11.00–18.00 Uhr). Deutlich über der Erde befindet sich der **Big Winch Lookout,** von dem man eine eindrucksvolle Rundumsicht auf die „Maulwurfhügel" der Minensiedlung hat (Italian Club Rd.).

## Hotel
Angenehm kühl belüftete und behaglich möblierte Räumlichkeiten – das ist im unwirtlichen und brütend heißen Coober Pedy mehr, als man sich erträumen will. Anfang der 1980er-Jahre wurde für das €€ **Motel Coober Pedy** (Catacomb Rd., Tel. 08/86 72 53 24, www.theundergroundmotel.com.au) der Sandstein voluminös unterhöhlt. Trotzdem bekommen alle Zimmer Tageslicht und Frischluft.

## Information
*Visitor Centre Coober Pedy, Hutchison St., Tel. 1800 63 70 76, 08/86 72 52 98, www.opalcapitaloftheworld.com.au*

Untergrund-Motel in Coober Pedy

# Do the Didgeridoo!

*Nicht ganz einfach, dem traditionellen Blasinstrument der Ureinwohner die richtigen Töne zu entlocken. Was bei Folkloredarbietungen so spielerisch anmutet, bedarf viel Übung und einer richtigen Anleitung. Am besten von erfahrenen Didgeridoo-Musikern, wie sie regelmäßig im Sounds of Starlight Theatre in Alice Springs auftreten.*

Begründer der „Didgeridoo Show Outback" ist Andrew Langford, ein Virtuose auf dem Didgeridoo, obwohl kein Tropfen Aboriginal-Blut in seinen Adern fließt. Und weil er das althergebrachte Blasinstrument als gleichberechtigt in modernen Orchestern sieht, erteilt er Unterricht: 30 Minuten täglich, willkommen ist jeder, der Spaß an Musik hat.

Unterrichtsstunde in einem Shop

### AM ANFANG: BLUBBERN!
„Die meisten haben zu viel Respekt vor dem ungewöhnlichen Klangkörper", weiß Andrew von zahlreichen Workshops im In-

Locker atmen, dann üben, üben, üben

und Ausland, „das hemmt und verspannt die Atemmuskulatur." Dabei sollen Anfänger erst mal nur locker die Lippen vibrieren lassen, etwa so wie Kleinkinder, wenn sie blubbern. Das sieht schon ein bisschen komisch aus. Aber der richtige Mundeinsatz ist Voraussetzung zum Erlernen der Atemtechnik. „Zirkularatmung" heißt das Zauberwort. Also Luft durch das verengte Mundstück ausstoßen und gleichzeitig in kurzen Zügen durch die Nase einatmen. „Bloß nicht alle Luft aus der Lunge pressen", rät Andrew seinen Schülern. Das sei der größte Fehler.

## WEITERE INFORMATIONEN

**Adresse:** Sounds of Starlight Theatre, 40 Todd Mall, Alice Springs, Tel. 08/89 53 08 26, www.soundsofstarlight.com
**Didgeridoo-Kurs:** Mo.–Fr. 10.30 bis 14.30 Uhr (kostenlos, jeweils 90 Min.). In der Regel dauert es bei den meisten Eleven etwa ein Jahr, bis sich das Didgeridoo-Spiel wirklich hören lassen kann.
**Erwerb:** In der angeschlossenen Didgeridoo Gallery & Sales werden kunstfertig verarbeitete Instrumente verkauft – nicht nur für Naturtalente ein schönes Mitbringsel von Wert.

# Natur und Kunst vom Feinsten

*Im feuchtheißen Klima hat der Norden des Kontinents maßlose Landschaften geformt: an der Küste undurchdringliche Mangrovensümpfe mit gefährlichen Krokodilen darin und grandiose Schluchten, die im Monsunregen in mächtigen Strömen und rauschenden Wasserfällen ertrinken. Die multikulturelle Hafenstadt Darwin verquirlt mehr als 50 Nationen, und nirgendwo sonst in Australien leben mehr Aborigines als im „Top End" – ihre Kunst beeindruckt nicht nur in Museen und Galerien.*

Das Naturparadies Kakadu National Park liegt den Ureinwohnern am Herzen – und als Welterbe der UNESCO.

Im überwältigenden Kakadu National Park ragt der Ubirr Rock (oben) auf. Eine Bootsfahrt (Mitte) unternimmt man hier am besten am frühen Morgen. Wer der einheimischen Tierwelt nahe kommen möchte, kann auch den Territory Wildlife Park (unten) bei Darwin besuchen.

# Riesenreptil – mit Riesenappetit

**Punkt zwei Uhr mittags schleppt der Tierpfleger auf der Darwin Crocodile Farm einen Eimer mit blutigen Fleischstücken an das trübe Wasserloch hinter dem Zaun: Fütterungszeit für die bis zu sieben Meter langen Leistenkrokodile und Showtime für die Besucher. Die sehen mit schreckensweiten Augen zu, wie sich die scheinbar erstarrten Raubtiere in flinke Jäger verwandeln, um einen der hingeworfenen Fleischbrocken zu ergattern.**

Die eingesperrten Riesenreptilien müssen Tierschützer nicht erzürnen. Denn bei den meisten Krokodilen hier handelt es sich um Problemfälle, die menschlichen Siedlungen gefährlich nah gekommen sind und deshalb eingefangen wurden. Im Hafengebiet von Darwin zum Beispiel tauchen regelmäßig Jungtiere auf, die von älteren Artgenossen aus ihrem Territorium gejagt wurden.

Leistenkrokodile, auch Salzwasserkrokodile („salties") genannt, bewohnen den tropischen Norden Australiens. Aborigines nennen sie „Ginga" – ihre schuppige Lederhaut, so glauben sie, stammt von Brandblasen, die sich die Tiere beim erstarrten Dösen in

„Saltie" ist kein Kosename

der Sonne holen. Die Tiere bevorzugen Sümpfe und Wasserlöcher, sogenannte „billabongs", aber auch Mangrovenküsten und seichte Flussmündungen. Weshalb immer wieder an Badestränden Tiere für Panik sorgen. Besonders gefährlich sind sie zu Beginn der Regenzeit, im Oktober/November, wenn der Hunger sie angriffslustig macht.

Etwa zwölf Wochen später schlüpfen die Jungen aus den Eiern: Der Nachwuchs wird von der Mutter zum Wasser gebracht und bei ersten Geh- und Schwimmversuchen während der nächsten Monate sorgsam beaufsichtigt. Gefahr droht nämlich vor allem von den Krokodilen aus der Nachbarschaft.

Wegen ihres feinen weißen Leders an der Unterseite wurden die Tiere fast ausgerottet.

Von der Küste des Northern Territory ist es lediglich ein Katzensprung nach Asien. Dafür trennen Welten das Gebiet von den dicht besiedelten Regionen Asiens. Wen also wundert, dass hier ein kunterbuntes Völkergemisch zusammengekommen ist. Vor allem in Darwin, Regierungssitz des Northern Territory, aber mit rund 125 000 Einwohnern kein urbanes Monster, sondern eher eine liebenswerte Provinzstadt. Umso aufregender ist die Natur drum herum, wo Arnhem Land zum nur eingeschränkt zugänglichen Refugium der Ureinwohner wurde und der Kakadu National Park Mitte der 1980er-Jahre als wilde Szenerie für den Kino-Hit „Crocodile Dundee" dienen konnte. Wer sich an „Charlie", den störrischen Wasserbüffel aus den beiden ersten Folgen, erinnert, kommt nicht am Adelaide River Inn vorbei. Hier, am Rand des Stuart Highway, stand der tierische Star jahrelang auf der Weide. Nach seinem Tod ausgestopft, steht er jetzt im Pub.

## THE LAST FRONTIER

So heißt Arnhem Land bei den Aussies: entlegenes Grenzland an der meist ruhigen Arafura Sea. Auf einer Fläche etwa so groß wie Süddeutschland leben rund 30 000 Aborigines beinahe so archaisch und naturnah wie eh und je. Ihr Alltag folgt immer noch sechs „Jahreszeiten": Blitz und Donner, Regen, Blüte, Sturm, Buschbrand und strahlend blauer Himmel. Wirklich sesshaft sind die Ureinwohner hier nicht geworden. In Sippen führen sie eine Art Nomaden-Dasein entlang der Küste, weit weg von jeglicher westlich geprägten Zivilisation. Max Davidson ist Weißer und kennt die Gegend seit über 30 Jahren. Er lebt davon, Touristen die Kultur der Aborigines näher zu bringen – „ohne sich den Ureinwohnern aufzudrängen", wie er betont. Deshalb hat er am Westrand, bei Mount Borradaile, ein separates Zelt-Camp errichtet, nur Geländewagen oder Kleinflugzeuge finden hin. Max zeigt

Die menschenleere und unerforschte Weite des Arnhem Land (oben links) übt einen ganz besonderen Reiz aus – nicht weniger faszinierend sind im Norden sowohl die großartige Tierwelt mit ihren lustigen Kakadus als auch die Felszeichnungen der Aborigines am Ubirr Rock (oben rechts).

Respekt vor Land und Leuten, sonst würde man ihn hier wohl auch nicht machen lassen: „Dieses Stück Erde ist 1,6 Milliarden Jahre alt. Nirgendwo im Fels findet man Fossilien. Denn das Land entstand, als es noch keinerlei Lebewesen gab."

## WIE EINE SCHATZKAMMER

Der westlich angrenzende Kakadu National Park begeistert auf Anhieb als urgewaltiges Naturparadies rund um den South Alligator River und seine Nebenflüsse. Wer tiefer eindringt, stößt auf erstaunliche Zeugnisse steinzeitlicher Kultur der Ureinwohner. Gründe genug für die UNESCO, den größten National-

park Australiens in die Liste des Weltkulturerbes aufzunehmen. Wissenschaftler gehen davon aus, dass die Vorfahren der heutigen Aborigines den Norden des Kontinents vor mehr als 50 000 Jahren – vielleicht sogar schon vor 120 000 Jahren – über eine Landbrücke von Papua Neuguinea aus erreicht haben. Das untermauern auch die zahlreichen archäologischen Fundorte und Felsmalereien im Nationalpark. Allerdings sind die wenigsten zugänglich, die vermutlich ältesten und eindrucksvollsten Abbildungen bekommt man am Nourlangie Rock und Ubirr Rock zu Gesicht. Ein Aborigines-Dialekt, der früher in der Gegend gesprochen wurde,

ist „Gagudju". Für die Weißen muss sich das angehört haben wie „Kakadu" – so soll der Nationalpark zu seinem Namen gekommen sein. Beste Besuchszeit ist die Trockenperiode zwischen Mai und November, wenn Hitze und Schwüle

## Nur wenige Felsmalereien sind zugänglich.

noch erträglich sind und die Fahrzeuge nicht im Schlamm der vom Regen aufgeweichten Pisten stecken bleiben. Dann sammeln sich Zigtausend Vögel um die Wasserstellen: Kormorane, Reiher, Kraniche, Greifvögel, Spaltfuß-

Das Northern Territory erlaubt immer wieder, per Kanu zu entlegenen Regionen vorzudringen, so auch auf den Wassern des Nitmiluk National Park.

Aboriginal Dance im Nitmiluk National Park

# Traumzeit in Farbe

In Australien ist die Steinzeit noch nicht zu Ende. Nach wie vor bilden Aborigines Traumzeit-Geschichten auf Steinwänden in der Natur ab, oft werden alte, verblichene Darstellungen mit frischer Farbe übermalt. Aber meist bedienen sich zeitgenössische Künstler der traditionellen Motive und Techniken, schnitzen Hölzer zu kurvigen Schlangenkörpern oder arrangieren farbige Punkte zu dekorativen Mustern auf der Leinwand.

Angefangen hat alle Kreativität an Höhlenwänden oder unter Felsüberhängen, dort wo sie geschützt war vor Wind und Wasser. Mangels Schrift wurden Geschichten oder Ereignisse in Bildern verschlüsselt. So entstanden stilisierte Figuren, wie Menschen, Tiere und mythische Wesen, aber auch abstrakte Formen. Farben wurden aus der Natur gewonnen: Rot aus Lehm und Gestein, Weiß aus Tonerde und Schwarz aus Holzkohle. Innerhalb eines Stammes blieben die Motive einheitlich,

Dekor mit mystischem Ausdruck

drückten stets eine feste überlieferte Symbolik aus – eine Art Bildersprache, die keine persönliche Interpretation zuließ. Sambo Burra Burra, dessen Werke in den Kunstmuseen des Landes hängen, wurde 1949 in Arnhem Land geboren. Zunächst malte er auf Rinde, wie es bei seinem Volk Tradition ist. Schon lange hat er zu Acryl und Leinwand gewechselt, bedient sich aber nach wie vor alter Motive, Techniken und Regeln.

gänse und Jabirus (Riesenstörche), die einzige Storchenart Australiens. Leider lässt die Trockenzeit auch die imposanten Wasserfälle zu dünnen Rinnsalen verkümmern. Wer das donnernde Spektakel an den Jim Jim Falls oder Twin Falls nicht verpassen will, muss gleich nach dem Ende der Regenzeit, Mitte April bis Anfang Mai, versuchen, mit dem Boot oder 4WD durchzukommen.

## WIE IM GRAND CANYON

Zugegeben, der Vergleich hinkt, was die Ausmaße anbetrifft. Aber mit ihren schreiend rotbraunen Sandsteinwänden, die sich senkrecht in den blau-grünen Fluss stürzen, mit 13 spektakulären Schluchten stiehlt die Katherine Gorge dem berühmten Canyon im US-Staat Arizona allemal die Schau. Hindurch zwängt sich der Katherine River – während der Regenzeit ein unbezähmbarer Strom, ansonsten ein herrliches Revier für ausgiebige Kanutouren durch das verwinkelte Schluchtensystem. Über 2900 km² der einzigartigen Naturlandschaft drum herum sind als Nitmiluk National Park geschützt und wieder im Besitz des Aborigines-Volkes der Jawoyn. Sie glauben, dass ganz tief im Fluss die Regenbogenschlange, das Schöpferwesen aus der Traumzeit, lebt, weshalb die Schlucht von enormer spiritueller Bedeutung für die Ureinwoh-

Darwin als das urbane Zentrum des Northern Territory verfügt über Yachthafen (ganz oben), Museen wie die Museum & Art Gallery (unten links) –
und die richtige Atmosphäre für Reisende, die nach all dem Staub der umgebenden weiten Landschaft gerne auch zwei, drei Tage bleiben.

Qualitätvolle Arbeiten von Aborigines sind in Darwins Galerien zu erwerben.

*Darwin hat Platz geschaffen für eine lässige Multikulti-Lebensart, wie man sie nur in tropischen Städten vorfindet.*

ner ist. Auf jeden Fall gibt es Krokodile im Katherine River, wahrscheinlich nicht nur „freshies", wie die harmloseren Süßwasserkrokodile genannt werden, denn immer wieder machen Augenzeugenberichte über gefährliche Leistenkrokodile die Runde. Im Litchfield National Park dagegen gelten alle Wasserlöcher (nicht die Flüsse!) als sichere Badeplätze. Doch die meisten Besucher haben auf dem Sandsteinplateau nur Augen für die pittoresk geformten Termitenhügel. Wie spätgotische Türme muten die bis zu fünf Meter hohen Bauten der Magnettermiten (auch Kompasstermiten) an. Ein Wunder der Natur ist dabei die Ausrichtung ihrer Längsachse in Nord-Süd-Richtung, was für konstantes Raumklima durch optimale Sonnenbestrahlung sorgt: stärkere Erwärmung morgens und abends sowie mehr Schutz um die heiße Mittagszeit.

### VIEL WIRBEL UM „TRACY"

Wenn die Bewohner Darwins von ihrer Stadt erzählen, datieren sie gerne „vor" oder „nach Tracy". Der Wirbelsturm hat 1974, ausgerechnet an Heiligabend, über zwei Drittel aller Gebäude zerstört, 71 Menschen kamen zu Tode. Nach Mitternacht zog das Auge über die Stadt, Windmesser verzeichneten bald Geschwindigkeiten von über 200 Stundenkilometern – bis sie fortgerissen wurden. Inoffiziellen Schätzungen zufolge hat der Sturm sogar bis zu 300 Stundenkilometer erreicht. Beinahe die Hälfte der damals 48 000 Einwohner war auf einen Schlag obdachlos. Sie zu evakuieren bedeutete, die traumatisierten Menschen über den Kontinent verteilt unterzubringen: in Alice Springs, Adelaide und sogar im 4000 Kilometer entfernten Sydney. Die Ära „Darwin after Tracy" nahm ihren Anfang. Aber es sollte noch September des Folgejahres werden, bis mit dem radikalen Neuaufbau begonnen wurde. Dazu beigetragen hat damals selbst die australische Popmusik-Szene: Der Song „Santa never made it into Darwin" von Bill and Boyd unterstützte die Spendensammlungen und stürmte ganz nebenbei die Hitparade. Nicht zu verwechseln mit „Tojo never made it to Darwin" von den Hoodoo Gurus, die knapp zehn Jahre später mit ihrem Lied an die Bombardierung Darwins im Zweiten Weltkrieg durch die Japaner erinnern wollten. Dabei war am 19. Februar 1942 vor allem das Stadtgebiet um den Hafen zerstört worden. Heute zeigt die Stadt kaum noch Ähnlichkeit mit dem „Darwin before Tracy". Die Stadtplaner entschieden sich erkennbar für eine moderne Architektur. Die hat Platz für eine lässige Multikulti-Lebensart geschaffen, die man so nur in tropischen Städten vorfindet.

GREY NOMADS

# Ruhelos im Ruhestand

*Grey Nomads werden die reiselustigen Rentner genannt, die zu Zigtausenden mit Wohnmobil oder Caravan in ihrem riesigen Land unterwegs sind. Die meisten wollen den gesamten Kontinent umrunden. Zumindest einmal in ihrem Leben.*

Als „The Big One", „The Big Lap" oder „Going around the Paddock" umschreibt der Volksmund die ambitionierte Fahrt rund um Australien. Richtungsweisend sind die küstennahen Highways: Asphalt, so weit das Auge reicht. Aber auch Umwege oder Abstecher auf unbefestigten Pisten abseits der Hauptrouten sind beliebt.

## MOBILER LIFESTYLE

Trish und Lenny sind seit 18 Monaten „on the road". Sie ist 67, er 69 Jahre alt, beide haben ihre jeweiligen Ehepartner viel zu früh zu Grabe tragen müssen, damals nicht gewusst, wie es weitergehen soll. Über Freunde haben sie sich dann kennengelernt. „Lenny hat mich mit seiner Unternehmungslust gleich angesteckt", erinnert sich Trish. Und so reisen die beiden jetzt einvernehmlich durchs Land. Mit einem ebenso komfortablen wie geländegängigen Caravan, gezogen von einem PS-starken 4WD. Alles in allem ein Gespann, das auch ruppige Outback-Pisten meistern kann. An die 120 000 A\$ haben sie in ihr Rolling Home investiert und dafür sein Eigenheim in einem Vorort von Melbourne verkauft. Finanziell kommen sie gut über die Runden. Doch sie kennen auch Pensionäre, die zu knapsen haben und unterwegs immer mal wieder Arbeiten annehmen müssen, zum Beispiel als Erntehelfer auf Obstplantagen oder bei Winzern.

Colleen (57) und Allan (67) verdienen mit „House Sitting" ab und an was dazu, wollen aber diesmal zwölf Monate am Stück Australien bereisen. Ebenfalls mit einem Cara-

Vielleicht ist es der vielbeschworene Pioniergeist, der Leute wie Colleen und Allan über den Kontinent treibt ... in robusten Caravans (links oben) vom Norden bis ins südliche Riverland (links unten).

van. Jetzt machen sie eine Woche Halt in Darwin, auf einem Campingplatz am Stadtrand: ausreichend Schatten, ein Swimmingpool, gute sanitäre Einrichtungen und ermäßigte Preise für Senioren. Was will man mehr? Für mehrtägige Ausflüge in die unwegsame Wildnis wie nach Arnhem Land haben sie eine Zeltausrüstung dabei. Ihnen ist es wichtig, auch abseits der Highways das Land zu erleben. „Alter schützt nicht vor Abenteuer", schmunzelt Allan, „auch wenn das Schlafen auf dem Boden meinen morschen Knochen immer mehr zusetzt."

## AUF EINEN BLICK

*Wichtige Infoadressen ...*
*... für alle Grauen Nomaden und die, die es werden wollen:*
*www.grey-nomads.org, www.thegreynomads.com.au*
*www.rvhomebase.com.au: Siedlung für Grey Nomads*
*... für die Grauen Nomaden und andere Caravan-Fahrer:*
*www.caravanworld.com.au (die Fachzeitschrift gilt Down Under als Pflichtlektüre)*
*www.supershow.com.au, www.caravanshow.com.au: Infos zu den Messen und Ausstellungen*
*www.rvpoint.com.au: u. a. Preisinformationen zu Caravans*

„*Alter schützt nicht vor Abenteuer ...*"

Timor Sea    Arafura Sea

Gulf of Carpentaria

01

02

03

04

Darwin

+9h 30 Greenwich Time

+9h30 Gr. Time

Maßstab 1:5.000.000

0          80 km

Melville Island
Tiwi Aboriginal Land
Bathurst I.
C. Van Diemen
Deception Pt.
Caution Pt.
Pularumpi
Nguiu
Pickertaramoor
C. Fourcroy
C. Keith
Soldier Pt.
Port Essington
Coburg Pen.
Gurig Nat. Park
Cobourg Pen.
C. Croker
Croker I.
McCluer I.
Minjilang
Smith Pt.
Timber Mill
Murgenella
North Goulburn I.
South Goulburn I.
Warruwi
Port Bremer
Maningrida
Milingimbi
Ramingining
Nangalala
Mirrngadja Village
Gapuwiyak
Galiwinku
N.W. Crocodile I.
Drysdale I.
Raragala I.
Cunningham Is.
Truant I.
Bromby Is.
C. Wilberforce
Nhulunbuy (Gove)
C. Arnhem
Gove Pen.
Yirrkala
Wessel Is.
Marchinbar I.
C. Wessel
Mining Area (Bauxite)

Van Diemen Gulf
C. Hotham
Chambers Bay
Finke Bay
Point Stuart
Aborig. Rock Art
Kakadu Holiday Village
Oenpelli
Mt. Howship
Nabarlek
Tor Rock
Hall Pt.
Junction Bay
Boucaut Bay
Castlereagh Bay
Howard I.
Buckingham Bay
Napier Pen.
Arnhem Bay
Melville Bay
Pt. Alexander
Caledon Bay
C. Grey
C. Shield
Isle Woodah
Groote Eylandt
Umbakumba
Angurugu
Alyangula
Bickerton I.
Blue Mud Bay

Beagle Gulf
Clarence Strait
Vernon Is.
Koolpinyah
Howard Springs
Humpty Doo
Noonamah
Darwin River
Rum Jungle
Batchelor
Wangi
Radio Australia
Crocodile Farm
Coastal Plains Research Station
Wildman Lagoon
Adelaide River
Mary River Nat. Park
Mt. Bundey
Cecil
Goodman
Jabiru
Ranger Uranium Mine
Burdulba
Nourlangie Rock
Mt. Gilruth
Bonda Motel
Patonga
Kakadu National Park
Arnhem Land
Mt. Parsons
Parsons Range
Arnhem Aboriginal Land
C. Stewart

North Peron I.
South Peron I.
Anson Bay
Litchfield Nat. Park
Robin Falls
Litchfield O.S.
Elizabeth Downs
C. Ford
C. Scott
Hayes Creek
Daly River
Tipperary
Douglas
Goodparla
Moline Mine
El Sharana Mine
Mt. Evelyn
Sleisbeck Mine
Mountain Valley
Mainoru
Wilton River
Roper Bar
Ngukurr
St. Vidgeon
Limmen Bight
Maria I.
Marra Aboriginal Land
Edward I.
Tasman Pt.
Cape Beatrice
Numbulwar

Pine Creek
Fergusson River
Edithvale
Claravale
Dorisvale
Springvale Homestead (Tourist Village)
Katherine
Edith Falls
Nitmiluk Nat. Park (Katherine Gorge Nat. P.)
Mt. Lambell
Eva Valley
Beswick
Bamyili
Beswick Aboriginal Land
Moroak
Roper Valley
Roper River
Warrakunta Pt.
Prawn Fishing Base
Scott Pt.
Sir Edward Pellew Group
West I.
North I.
Centre I.
Vanderlin I.
Mc Arthur
Manangoora
Borroloola
Seven Emu
Pungalina
Robinson River
Calvert Hills
Wollogorang
Gararwa Aboriginal Land
Fish River
Seigals Creek
Ranken Store
Camooweal

Upper Daly Aboriginal Land
Daly River
Wadeye
Port Keats
Aboriginal Land
Wingate Mts.
Menngen Aboriginal Land
Wagiman Aboriginal Land
Cutta Cutta Caves
Mataranka (Hot Springs)
Elsey
Elsey Cemetery
Mangarrayi Aboriginal Land Trust
Miniyeri
Hodgson Downs Lease
Hodgson River
Nutwood Downs
Cox River
Alawangandji Aboriginal Land
Nathan River
Rosie Creek
Bing Bong
Black Rocks Landing

Keep River Nat. P.
Legune
Bullo River
Fitzroy
Timber Creek
Victoria River Downs
Old Delamere
New Delamere
Birrimba Out Station
Gilnocki
Maryfield
O.T. Downs
Bauhinia Downs
Cape Crawford
Mallapunyah
Kiana
Tawallah Ra.
Tawallah Aboriginal Land

Newry
Rosewood
Kildurk
Waterloo
Aliboy Knob
Old Limbunya
Limbunya
Gregory Nat. Park
Gregory Nat. Park
Bullita Out Station
Victoria River
Killarney
Moolooloo Out Station
Mt. Sullivan
Hidden Valley
Top Springs
Yingawunarri Aboriginal Land
Murranji Aboriginal Land
Roadhouse
Dunmarra Roadhouse
Daly Waters
Carpentaria Hwy.
Tanumbirini
Top Springs (Aband.)
Wampaya Aboriginal Land
Barkly Tableland
Creswell Downs
Eva Downs
Anthony Lagoon
Wallhallow
Shadon Downs
Sir Charles Todd Monument
Newcastle Waters
Elliott
Ucharonidge
Mungabroom
Brunette Downs
Brunchilly
Alexandria
Gallipoli
Herbert Vale
Old Herbert Vale
Mithebah
Connells Lagoon Conservation Res.
Lawn Hill
Spring Vale
Highland

Dagaragu
Kalkaringi
Wave Hill
Cattle Creek Out Station
Camfield
Mt. Sanford
Pigeon Hole
Yarralin
Humbert River
Wagurungurru Aboriginal Land
Waterloo
Mt. Napier
Kirkimbie
Inverway
Mt. Farquharson
Buchanan Hwy.
Hooker Creek Aboriginal Land
Lajamanu (Hooker Creek)
Nongra L.
Birrindudu
Winnecke Cr.
Central Desert
Tanami Desert
Karlantijpa North Aboriginal Land
Renner Springs
Helen Springs
Muckaty
Banka Banka
Phillip Creek Station
Stuart Memorial
Rockhampton Downs
Alroy Downs
Frewena
Barkly Homestead Roadhouse
Soudan
Avon Downs
Barry Caves
Camooweal

Supplejack Downs
Mount Frederick Aboriginal Land
Mt. Frederick
L. Buck
Tanami Mine
Rabbit Flat Store
Mt. Tanami
Mt. Davidson
The Granites Mine
Karlantijpa South Aboriginal Land
Phillip Creek
Warrego Mine
Three Ways Roadhouse
Tennant Creek
Peko Mine
Nobles Nob Mine
Warumungu Aboriginal Land
John Flynn Memorial
Warumungu Aboriginal Land
McLaren Creek Aboriginal Land
Kurundi
Epenarra
Arruwurra Aboriginal Land
Burramurra Out Station
Austral Downs

Northern Territory

L. Jeavons
L. Dennis
Yiningarra Aboriginal Land
L. Lucas
L. White
L. Hazlett
Mangkururpa Aboriginal Land
Chilla Well
Mt. Theo
Yuendumu
Willowra
Wirliyajarrayi Aboriginal Land
Mala Aboriginal Land
Pawu Aboriginal Land
Coniston
Mt. Doreen
Vaughan Springs
Mount Doreen
Mount Denison
Mount Allan
Napperby
Pine Hill
Nturiya
Ti-Tree Roadhouse
Mt. Stuart
Mt. Tops
Mt. Octy
Mount Skinner
Woola Downs
Devils Marbles Conservation Reserve
Mangkarta Aboriginal Land
Mt. Cairns
Kurinelli Out Station
Davenport Range N.P.
Davenport Range
Wauchope
Murray Downs
Hatches Creek
Semi Desert
Dempseys
Elkedra
Annitowa
Georgina Downs
Lake Nash
Ura

Lake Mackay Aboriginal Land
Treuer Ra.
Mount Allan
Yuelamu
Yunkanjini Aboriginal Land
Yalpirakinu Aboriginal Land
Gurner
Newhaven
Stuart Bluff Ra.
Reynolds Ra.
Anningie
Central Mt. Stuart
Stirling
Neutral Junction
Barrow Creek
Home of Bullion Mine
Old Ivy Mine
Warrabri
Alyawarra Aboriginal Land
Ammaroo
Argadargada
Mt. Hogart
Irrmarne Aboriginal Land
Ooratippra
Derry Downs
Lucy Creek
Anatye Aboriginal Land
Tarlton Downs
Tobermorey
Manners Creek
Angarapa Aboriginal Land
Utopia
Delmore Downs
Woodgreen
Red Cliff
Mount Swan
Huckitta
Dulcie Ranges Nat. P.
Mac Donald Downs
Arapunya
Plenty Hwy.
Sandover Hwy.

# Infos

## Ungezähmte Wildnis in uralten Landschaften

**Alljährlich im Mai, wenn der tropische Norden nicht mehr in apokalyptischen Regenfällen zu ertrinken scheint, blüht der Tourismus auf. Dann beruhigt sich die Natur. Und an der Küste muss Darwin keine zerstörerischen Wirbelstürme fürchten, sondern entspannt bei sonnigem Wetter mit ansteckender kosmopolitischer Lebensfreude.**

### 01 DARWIN

Die Hauptstadt des Northern Territory ist das einzige urbane Zentrum weit und breit. Bereits im 17. Jh. segelten holländische Seefahrer an der Küste vorbei, daher Namen wie Arnhem Land und Van Diemen Gulf. An dem Naturhafen gründeten um 1870 freie Siedler die Ortschaft Palmerston. Die wurde 1911 in Darwin umbenannt, nach dem englischen Biologen Charles Darwin. Die moderne Stadt macht es Besuchern leicht, sie zu erobern: Der Stuart Highway führt aus südlicher Richtung geradewegs ins Zentrum, wo die meisten Sehenswürdigkeiten zu Fuß erreichbar sind. Allerdings sollte man einen Rundgang außerhalb der schwülen Mittagshitze unternehmen.

### Sehenswert

Die wenigen nach dem Wirbelsturm „Tracy" (1974) erhaltenen Baudenkmäler sind einen Blick wert: Die **Police Station and Old Courthouse** (Ecke Smith St./The Esplanade) wurde 1884 aus Kalkstein errichtet und später schön restauriert, das koloniale **Government House** (Esplanade) in der Nähe steht strahlend weiß als ältestes Gebäude der Stadt, von der steinernen **Old Town Hall** (Ecke Smith/Bennett

### Tipp

## Deckchair Cinema

Unter meist wolkenlosem Himmel, bei lauer Seeluft, in bequemen Liegestühlen und mit einem Drink in der Hand Spielfilme gucken – das Deckchair Cinema am Hafen von Darwin macht's möglich. 350 Sitze laden zum relaxten Kinobesuch vor der malerischen Kulisse ankernder Schiffe ein. Snacks darf man mitbringen, Alkohol gibt's an der Bar, ein kleines Buffet zuvor, und wer sich am Eingang ein Kissen organisiert, sitzt sicher bequemer.

*Jervois Rd., Darwin Wharf Precinct, Tel. 08/89 81 07 00 (aktuelles Filmprogramm), www.deckchaircinema.com, tgl. ab 18.30 Uhr*

St.) von 1883 dagegen sind nur Ruinen geblieben. Der **Wharf Precinct** am Wasser ist derzeit das ehrgeizigste Projekt der Stadtplaner. Bis 2015 soll sich Darwin hier von seiner attraktivsten Seite zeigen (am Ende der Smith St. fährt ein Lift zur Wharf). Hier startet auch die stimmungsvolle **Dinner Cruise** auf der „Alfred Nobel" (Tel. 08/89 42 31 31, www.darwincruises.com.au) zum Sonnenuntergang.
Seit den 1950er-Jahren haben die Fische im Hafengewässer die Angewohnheit, mit der Flut zur **Aquascene,** im Norden des Bicentennial Park, zu schwimmen, sie werden dort von Menschenhand – v. a. von Kindern – gefüttert (28 Doctor's Gully Rd.). Im **Crocodylus Park** im Osten der Stadt spielen Leistenkrokodile die Hauptrolle. Um die Tausend von ihnen leben in den Gehegen, Krokodilbullen wie just geschlüpfte Mini-Echsen. Kinder haben hier sicher viel Spaß. Wissenslücken schließt das angeschlossene Croc Museum (815 McMillans Rd., Berrimah, 15 Fahrminuten vom Zentrum, tgl. 9.00–17.00, Fütterung: 10.00, 12.00, 14.00, 15.30 Uhr).

### Museum

Viele, die sich auskennen, halten die Aborigines-Kunstsammlung im **Museum & Art Gallery of the Northern Territory** für die wertvollste auf dem Kontinent, zumal die Exponate aus verschiedenen Landesteilen im Norden stammen: von Schnitzereien der vorgelagerten Tiwi Islands bis Rindenmalereien aus Arnhem Land. Daneben widmet es sich der heimischen Tierwelt, der Seefahrtsgeschichte und natürlich Zyklon „Tracy" (Conacher St., Fannie Bay, Mo.–Fr. 9.00–17.00, Sa., So. ab 10.00 Uhr).

### Veranstaltung

Alljährlich im Juli/August ist Darwin Austragungsort der **Beer Can Regatta.** Dazu werden am Mindil Beach waghalsige Konstrukte aus leeren Bierdosen zu Wasser gelassen. Seit über 30 Jahren eine Riesensause. Regeln gibt's nur wenige, dafür jede Menge Spaß.

### Hotels

Luxus im Outdoor-Style: klimatisiert wohnen, unter freiem Himmel duschen. Die originell ausgestatteten Bungalows des €€/€€€ **Feathers Sanctuary** (49A Freshwater Rd., Jingili, Tel. 08/89 85 21 44, www.featherssanctuary. com), tropengerecht umgeben von einem exotischen Park, bieten zehn Fahrminuten außerhalb von Darwin allen Komfort, ohne dass man auf Natur verzichten müsste.
Einen Steinwurf vom Stadtzentrum entfernt, bietet das große €/€€ **Travelodge Mirambeena Resort** (64 Cavenagh St., Tel. 08/89 46 01 11, www.mirambeena.com.au, 225 Zi.) eine attraktive Badelandschaft sowie ein empfehlenswertes Restaurant.

### Tipp

## Sunset Markets

Wenn die Sonne untergeht, kommt Leben in die Mindil Beach Sunset Markets: Händler legen ihre Waren aus in Garküchen wird dem Wok kräftig eingeheizt und Straßenkünstler bereiten sich auf ihren großen Auftritt vor. Beim abendlichen Markttreiber am Strand treffen sich Einheimische und Touristen in zwangloser Atmosphäre. Genau das war die Idee der Initiatoren, die 1987 im tropischen Ambiente einen Markt nach asiatischem Vorbild arrangierten. Hier gilt Spaß haben, entspannen. Donnerstags ist immer mehr los als sonntags.

*Gilruth Ave., Mindil Beach, Darwin, www.mindil.com.au, letzter Do. im April bis letzter Do. im Okt. 17.00–22.00, So. 16.00–21.00 Uhr*

### Restaurants

Die **Stokes Hill Wharf** kann sich sehen lassen, eine Ansammlung von Take-aways und eher anspruchsvollen Restaurants, u.a. €€/€€€ **Crustaceans on the Wharf** (Tel. 08/ 89 81 36 58, www.crustys.com.au, Spezialität sind Meeresfrüchte. Im €€ **Yots Greek Taverna** (Cullen Bay Marina, 54 Marina Blvd., Tel. 08/89 81 44 33) tischt Darwin griechisch auf.

### Einkaufen

Wer hochwertige Aboriginal-Kunst oder authentisches Kunsthandwerk erwerben will, ohne kilometerweit Staub schlucken zu müssen, wird bestimmt in Darwin fündig, z. B. in der **Framed-Gallery** (55 Stuart Hwy/Ecke Geranium Street, www.framed.com.au), der **Mason Gallery** (7/21 Cavenagh St., www.mason gallery.com.au, **Aboriginal Fine Arts** (Ecke Mitchel/Knuckey Sts., www.aaia.com.au) und der **Readback Aboriginal Art Gallery** in der Fußgängerzone (32 Smith Street), die eine große Auswahl an preiswerten Aboriginal-Pain-

# Infos

tings vorhält (fast alle Gemälde mit Zertifikat; auf den Wert erhebt der deutsche Zoll ca. 7 % bei der Einfuhr nach Deutschland).

## Umgebung

Die **Darwin Crocodile Farm** handelt mit dem Leder der Riesenechsen. Im großen Stil und ganz legal, denn die Tiere werden hier zu diesem Zweck gezüchtet (40 km südl. am Stuart Hwy., tgl. 9.00–16.00 Uhr). Südlich der Farm zeigt der **Territory Wildlife Park** die einheimische Tierwelt. 115 km trennen den schönen **Litchfield National Park** von Darwin. Über diese Distanz können die Australier nur lachen und fallen deshalb an Wochenenden in Scharen ein, auch weil sie hier, wie an den herrlichen Florence Falls, unter erfrischenden Wasserfällen in krokodilfreien Süßwasser-Pools baden können. Zu den Bauten der Magnettermiten gelangt man auf der gut geebneten Litchfield Park Road. Übernachten und essen kann man in der Ortschaft Batchelor. Alternativ fährt man ca. 40 km weiter südlich bis **Adelaide River** am Stuart Highway. Im Adelaide River Inn (106 Stuart Hwy., www.adelaideriverinn. com) sieht der ausgestopfte Wasserbüffel aus dem Kinofilm „Crocodile Dundee" den Gästen beim Verzehr der Barramundi-Fische zu.

## Information

*Regional Visitor Centre,*
*Ecke Mitchell/Knuckey St., Darwin,*
*Tel. 08/89 80 60 00,*
*www.tourismtopend.com.au*

### Tipp

## Gefahr im Wasser

Stinger, Box Jelly Fish oder Sea Wasp (zu Deutsch: Seewespe oder Würfelqualle) meinen alle dasselbe: die hochgiftige Quallenart in den tropischen Küstengewässern Australiens. Gefahr droht allerdings nur in den Sommermonaten, von November bis April. Dann sollte man zum Baden Strandabschnitte aufsuchen, die durch Netze geschützt sind. Die Berührung mit den bis zu drei Meter langen Tentakeln ist nicht nur schmerzhaft, sondern kann tödlich sein. Für Erste-Hilfe-Maßnahmen steht vielerorts Essig bereit, mit dem die befallenen Hautstellen eingerieben werden müssen. Schnellste ärztliche Versorgung ist vonnöten.

*Genaue Infos: Tropical Australian Stinger Research Unit der James Cook University unter www.jcu.edu.au/stingers*

Hauptattraktion im Litchfield National Park sind die monströsen Bauten der Magnettermiten.

## 02 ARNHEM LAND

Die Weite des Arnhem Land im Nordosten übt einen großen Reiz auf Outback-Reisende aus.

### Sehenswert

Der Zugang zur **Wildnis** ist für Individualreisende ohne ein entsprechendes „permit" verboten. Am sichersten ist eine geführte Tour, z. B. Davidson's Arnhemland Safaris (Tel. 08/89 27 52 40, www.arnhemland-safaris.com und www.savannah-guides.com.au). Die „Organization of Aboriginal Artists of the Kimberley and North Australia" (ANKAAA, www.aboriginalart.org) hat einen Wegweiser zu empfehlenswerten **Galerien** herausgegeben. Dazu zählt auch Buku-Larrnggay Mulka Art Centre in Yirrkala nahe Nhulunby/Arnhem Land, bekannt u. a. für Schnitzereien.

### Information

*Northern Land Council, 45 Mitchell St., Darwin, Tel. 1800 64 52 99 (hier werden die „permits" vergeben), www.nlc.org.au*

## 03 KAKADU NATIONAL PARK

Eine Vielzahl an Vogelarten, Krokodile, Wasserfälle, Felsbilder der Aborigines – der National Park weiß zu beeindrucken.

### Sehenswert

Zwei Tage reichen gerade aus, annähernd die unbändige Schönheit des **Kakadu National Park ▶ TOPZIEL** zu begreifen – auch wenn Veranstalter Tagestouren mit dem Bus ab Darwin anbieten. Morgens sind Tausende von Vögeln schon rege, Dingos tauchen am Ufer auf und später dösen Krokodile in der aufsteigenden Sonne. 50 km nördl. von Jabiru liegt **Ubirr Rock**, 35 km südwestl. **Nourlangie Rock**, beide mit Malereien der Aborigines versehen. Die eigenwillige Architektur des **Bowali Visitor Centre** (s. u.) ist ein echter Blickfang: Drinnen werden Fakten zum Kakadu National Park in anschaulichen Happen serviert, Wege zu Felsmalereien der Ureinwohner gewiesen sowie Ausflüge zu Wasser und zu Land angeboten. Hier erhält man auch den Nationalpark-Pass, der seit 2010 Pflicht ist (25 A$ p.P.).

### Aktivität

Nicht verpassen sollte man die **Bootstour zu den Krokodilen** im Adelaide River, am eindrucksvollsten bei Spectacular Jumping Crocodile Cruise (Window on the Wetlands, Tel. 08/89 78 90 77, www.jumpingcrocodile.com.au).

### Unterkunft

Zentrale Übernachtungsorte im Park sind Jabiru und Cooinda, man kann hier zwischen Campingplatz und Komforthotel wählen. Das €€/€€€ **Holiday Inn Gagudju Crocodile** (Kakadu Hwy., Jabiru, Tel. 08/89 79 90 00, www.ichotelsgroup.com) macht seinem Namen alle Ehre und sieht aus der Luft aus wie ein erstarrtes Riesen-Croc.

### Information

*Bowali Visitor Centre,*
*Kakadu Hwy. (5 km westlich von Jabiru),*
*Tel. 08/89 38 11 20,*
*www.tourismtopend.com.au*

## 04  KATHERINE

Zu touristischer Bedeutung hat es die Klein-
stadt an der Kreuzung von Stuart und Victoria
Highway eigentlich nur wegen der Nähe zum
**Nitmiluk National Park** mit seiner Katherine
Gorge gebracht. Katherine (ca. 10 000 Einw.)
ist neben Tennant Creek die einzige größere
Ansiedlung bis Alice Springs im Süden.

### Aktivität
Wer in der Katherine Gorge weiter vordringen
will, steigt ins **Kanu** ▶TOPZIEL, auch geführt
(z. B. Gecko Canoeing, Tel. 1800/63 43 19 oder
08/ 89 72 22 24, www.geckocanoeing.com.au).

### Veranstaltung
Jährlich im Mai strömen die Leute von weit her
zum **Katherine Country Music Muster**. Drei
Tage lang (Fr.–So.) unterhält Live-Musik am Katherine Museum (Gorge Rd.).

### Unterkunft
Durchreisende und Parkbesucher finden eine
ordentliche Auswahl an Unterkünften vor.
**€ Springvale Homestead** am Fluss dient
heute in erster Linie touristischen Zwecken mit
Campingplatz, Gästezimmer, Restaurant und
Swimmingpool (Tel. 08/89 72 13 55).

### Umgebung
Auch der **Nitmiluk National Park** lädt nur in
der trockeneren Jahreszeit (Mai–Sept.) zum
Besuch ein. Dann ist der Katherine River schiffbar und man kann auf dem Wasserweg die aufregende **Katherine Gorge** kennenlernen. Die
Sandsteinschlucht ist in 13 Abschnitte unterteilt. Die meisten Ausflugsboote kehren bereits
am zweiten um, der zugegebenermaßen für
die Kamera am meisten hermacht (Touren über
www.nitmiluktours.com.au, z. B. die 2-stündige
Fahrt „Nitnit Dreaming", ca. 73 A$). Ein schöner
Campingplatz befindet sich am Nitmiluk Visi-
tors Centre. Von Katherine sind es ca. 60 km
auf asphaltierter Straße bis zum Flussufer und
zur Anlegestelle der Boote. Wer im Frischwas-
ser der **Leliyn/Edith Falls** baden will (am
schönsten: die „upper falls"), muss 40 km
nördlich der Stadt auf dem Abzweig vom Stuart
Highway zum Park vordringen (mit Campingplatz, aber ohne Stromanschluss).

### Information
*Katherine Visitor Centre, Ecke Stuart
Hwy./Lindsay St., Tel. 08/89 72 26 50,
www.visitkatherine.com.au
Nitmiluk Centre: Gorge Rd., am Katherine
River, unweit der Bootsanlegestellen,
Tel. 08/89 73 88 88, tgl. 8.00–18.00 Uhr (Infos
zu Wanderungen und Kanu-Trips direkt vor
Ort, lehrreiche Ausstellung zur Natur im Park)*

# Vogelschau im Kakadu

*Sobald die Regenzeit vorbei ist, kommen ornithologisch Interessierte
im Kakadu National Park voll auf ihre Kosten. Zahlreiche Vögel wagen
sich jetzt wieder an die Ufer der zurückweichenden Überschwemmungs-
gebiete. Vom Wasser aus sind die scheuen Tiere am besten zu beobachten. Super, wenn Sie ein Fernglas dabeihaben.*

Sanft, fast lautlos treibt der Elek-
tromotor das Ausflugsboot durch
die glatte Wasseroberfläche des
Yellow Water Billabong. Von Tag
zu Tag herrscht ab Mai mehr Tro-
ckenheit im Kakadu National Park.
Nur das Buffalo Gras sieht beinahe
aus wie immer. Die Pflanze
täuscht selbst bei Dürre mit fri-
schem Grün.

Wer beäugt hier wen?

### BLICKFANG HOCH OBEN
Mittendrin und deshalb nur
schwer wahrnehmbar – würde
nicht der Bootsführer einen Fin-
gerzeig geben – ein Vogel mit weißer Brust und braunen Flügeln,
der wie selbstverliebt in den Was-
serspiegel zu starren scheint: „Va-

Wandernd durch den National Park

nity Bird' wird die Reiher-Art deshalb im Volksmund genannt. „Eit-
ler Vogel". Dabei hat er natürlich
nichts anderes im Sinn, als einen
Fisch zu ergattern. Oben im Baum-
wipfel thront ein Jabiru in seinem
massiven Nest. Kingfisher (Eisvö-
gel) gibt es zuhauf zu entdecken.
Manchmal muss man schon ganz
genau hinschauen und erkennt
dann, dass das Geschnatter zwischen den Ästen nicht von einer
Gans stammt, sondern von einem
Seeadler. Oder dass plötzlich ein
zierlicher Vogel mit unglaublich
langen Krallen behände übers
Wasser läuft: „Jesus Bird' heißt er,
„Comb-crested Jacana" ornithologisch korrekt.

### WEITERE INFORMATIONEN

**Angebote:** Bootstouren (1,5 od.
2 Std.) ab Gagudju Lodge mehrmals tgl., während der Regenzeit
seltener oder gar nicht, ab 70 A$

**Reservierung:** Yellow Water
Cruises, Gagudju Lodge, Cooinda,
Tel. 08/89 79 01 45,
www.gagudju-dreaming.com

# Urbanität am Swan River

*Western Australia erfreut sich wachsender Beliebtheit, als Wahlheimat und Wirtschaftsstandort ebenso wie als Urlaubsziel. Sonniges Klima und genug Platz für alle bewirken einen ungemein entspannten Lebensstil. Dank schneller Flugverbindungen und gut ausgebauter Landstraßen haben die gewaltigen Entfernungen im größten Bundesstaat Australiens an Schrecken verloren. Umso mehr locken die unverdorbenen Landschaften mit faszinierenden Naturwundern und endlosen Traumstränden, die jeden Abend aufs Neue einen glühenden Sonnenuntergang verheißen.*

Die entlegene und doch boomende Hauptstadt Perth verwöhnt mit sonnigem Wetter und urbanen Annehmlichkeiten.

Die City von Perth ist dicht bebaut, Wolken-
kratzer bestimmen den Charakter der Skyline.
Von Kings Park und Botanischem Garten kann
man den Blick über die Stadt genießen.

Fremantle ist als Freizeitziel beliebt, entsprechend gut besucht sind die Cafés.

Es ist noch nicht so lange her, da lag der Westen ganz einfach auf der falschen Seite des Kontinents: Während das koloniale Australien an der Ostküste aufblühte und dichter besiedelt wurde, blieb das weite Land jenseits der damals noch unüberwindbaren Wüstenei so gut wie menschenleer. Im 17. Jahrhundert hatten zwar die Holländer die Westküste bereits als Erste entdeckt, doch schnell jegliches Interesse an dem vermeintlichen Ödland verloren.

### ERDE VOLLER REICHTÜMER
Sie kamen schließlich in Scharen, gegen Ende des 19. Jahrhunderts, Goldsucher, die von unermesslichen Funden zwischen Kalgoorlie und Coolgardie gehört hatten. „The Golden Mile" geriet zum größten Goldproduzenten der Welt – vorübergehend, denn bald ließ die Ausbeute nach und der inzwischen als Western Australia angeschlossene Bundesstaat verkam erst einmal wieder zur verschlafenen Provinz. Heute trägt „The Golden Mile" immerhin noch gut die Hälfte zur Goldförderung auf dem Kontinent bei. Doch wirtschaftlich bedeutender wurden Bodenschätze wie Eisenerz, Bauxit, Mangan, Nickel, Erdgas und Erdöl. Gewaltige Vorkommen unter der Erde haben Westaustralien schließlich als Schatzkammer der Nation wohlhabend und selbstbewusst gemacht. Inzwischen sprechen Experten die jüngste Wirtschaftskrise schon hinter sich wissend, euphorisch wieder von einer „boomenden Ökonomie" im entlegenen Westen.

### Bodenschätze sorgen für Wohlstand in Westaustralien.

### ERSTE ADRESSE AM SWAN RIVER
Perth ist die Hauptstadt von Western Australia und stolz auf die Schwarzen Schwäne, die sich unbehelligt am Flussufer tummeln. Der holländische Entdecker Willem de Vlamingh machte sie

Ganz vorsichtig schnappen die Delfine bei
Monkey Mia nach dem Fisch.

Per Boot lässt sich die zerklüftete Küste der
Kimberleys gut erkunden.

Die Inselr vor Kimberleys Küste – ein unbewohnter, karger Landstrich.

In wogendem Schritt geht es auf den Kamelen dem Sonnenuntergang entgegen.

**Special**   NINGALOO REEF

# Abtauchen zu Korallengärten

**Farbenprächtige Korallenriffe, erfüllt von bunt schillernden Fischschwärmen, nur wenige Schwimmzüge vom Strand entfernt: So etwas gibt es nur noch selten. Westaustraliens türkis-blaues Schnorchel- und Tauchparadies liegt gleich vor der Coral Coast, dort, wo der südliche Wendekreis des Steinbocks (Tropic of Capricorn) die Subtropen von den Tropen trennt.**

Vom Tauchboot ins Wasser zu gleiten ist wie in die Badewanne zu steigen. Denn der Indische Ozean ist hier um die 27 °C warm und behaglich seicht, kaum eine Welle schwappt ins Gesicht. Wer abtaucht, muss auf gigantische Meeresbewohner gefasst sein: Etwa 13 Meter misst der Walhai. Der größte Fisch überhaupt sieht nicht gerade aus wie ein Kuscheltier, ist aber völlig harmlos und anrührend scheu. Er ernährt sich von Plankton und anderen Kleinstlebewesen. 250 Korallen- und 520 Fischarten leben vor der Coral Coast. Wie schwarze Schatten dahin-

Das Tauchparadies vor Augen.

gleitende Mantarochen gehören dazu, aber auch Buckelwale, die hier zwischen Juni und November prall aus den Fluten auftauchen. Und Korallen, die zwar wie Unterwasserpflanzen aussehen, aber Nesseltiere mit Polypengestalt sind. Ihre kalkhaltigen Röhren verwachsen über Jahrtausende zu gewaltigen Riffen. Die Meereswelt am Ningaloo Reef ist zweifellos mehr intakt als die Korallenlandschaft am Great Barrier Reef.

hier 1697 ausfindig und taufte den Fluss deshalb Swan River. Nur folgerichtig, dass der „Black Swan" zum Wappentier des Bundesstaates gekürt wurde und als solches die Flagge von Western Australia ziert. Viel zu lange hat Perth als „entlegenste Großstadt der Welt" gedarbt. Jetzt feiert sie ihren kometenhaften Aufstieg zur Boomtown des Landes. Das rasante Wirtschaftswachstum liegt weit über dem Durchschnitt und nirgendwo sonst in Australien leben mehr Millionäre pro Quadratkilometer. Die Bevölkerungszahl von Perth steigt sprunghaft an: Das australische Amt für Statistik geht von einer Verdoppelung der heute fast 1,7 Mio. Einwohner bis 2050 aus, was die gesamte Infrastruktur umkrempeln würde. Noch muss die Stadt allenfalls bei einigen wenigen Großereignissen einen wahren Menschenandrang bewältigen – so beim jährlich im Sommer stattfindenden UWA Perth International Arts Festival.

## KUNSTSTÜCKE DER NATUR

Auf dem Weg durch die monotone Weite bringt immer mal wieder die Landschaft den Reisenden zum Staunen. Zum Beispiel im Nambung National Park, wo bis zu vier Meter hohe Kalksteinsäulen aus goldgelbem Dünen-

Am Traumstrand Coral Bay genießen die Gäste tiefblaues Wasser und weißen Sandstrand.

Wasser ist das dominierende Thema am Indischen Ozean. Mit den Booten hinausfahren zur faszinierenden Unterwasserwelt, tauchen, im lauwarmen Wasser baden oder schnorcheln, alles dies ist hier möglich.

Die bizarre Dünenlandschaft der Pinnacles im Nambung National Park, abseits des Highways.

*„Die Alten sangen ihren Weg durch die ganze Welt. Sie sangen die Flüsse und Bergketten, die Salzpfannen und Sanddünen."*

Bruce Chatwin, Traumpfade

sand aufragen. Selbst Wissenschaftler schütteln angesichts der Pinnacles Desert weiterhin den Kopf. Denn wie genau die bizarre Landschaft entstanden ist, weiß keiner. Nur dass der Kalkstein von uralten Meeresablagerungen stammt und zur gefügigen Modelliermasse für Wellen, Wind und Wetter wurde, weil sich im Laufe der Erdgeschichte unterschiedliche Härten herausgebildet hatten. Ca. 340 Kilometer von der Küste entfernt, bei Hyden, hat die Erosion mit weicheren Schichten im Untergrund leichtes Spiel gehabt und den gewaltigen Wave Rock geschaffen: Die steinerne Riesenwelle begann sich vor ca. 2700 Millionen Jahren aufzubäumen. Im Norden des Bundesstaats dagegen zeugen die schwarz-gelb gestreiften Sandsteinhügel der Bungle Bungle Range im Purnululu National Park von erodierenden Turbulenzen aus Millionen Jahre während der Erdgeschichte. Der empfindliche Sandstein wäre vermutlich längst zerbröckelt, wenn nicht der feste Überzug aus dunklen Flechten und heller Kieselerde Halt geben würde. Bekannt wurde die Farborgie der Natur übrigens erst 1982, durch Filmaufnahmen aus der Luft.

28 Jahre zuvor hatten Geologen das Rätsel um den Hamelin Pool an der Shark Bay gelöst und dabei die ältesten Lebewesen auf der Erde entdeckt: Kolonien von im seichten Salzwasser blubbernden Mikroben, sogenannte Stromatolithen – eine Sensation!

### DELFINE ZUM FRÜHSTÜCK

Knietief steht der Ranger im Wasser, in der Hand einen Eimer mit vielen kleinen Fischen drin. Die Fütterung der Delfine kann beginnen. Immer vormittags, von ca. 7 Uhr an, tauchen vor dem weißen Strand von Monkey Mia keilförmige Rückenflossen auf: Keine angriffslustigen Haie drehen hier ihre Runden, sondern hungrige, aber friedliche Delfine vom Typ „Großer Tümmler" (Bottlenose dolphin) – einige haben sogar ihre Jungen dabei. Der Ranger zeigt den Besuchern am Strand, wie man's macht. „Das Futter hinten an der Schwanzflosse fassen und unter Wasser mit ausgestreckter Hand den Delfinen hinhalten. Bitte nicht streicheln, die Haut ist sehr empfindlich!" Schnapp, und weg ist der Fisch. Ganz vorsichtig, allenfalls mit einem zärtlichen Stups, fressen die Tümmler aus der Hand. Eine gewisse Mrs. Watts, Ehefrau eines passionierten Hochseeanglers, war die Erste, die sich an der Shark Bay mit den Delfinen anfreundete und ab 1964 die Tiere hier regelmäßig fütterte. Um die 300 Tümmler leben in der Bucht. Zum Frühstück kommen immer nur ein paar, meist dieselben, von den hiesigen Ran-

Baobab Tree bei Derby: Der rundliche Stamm speichert große Mengen an Wasser für Trockenzeiten.

In Baumwipfelhöhe geht es den Tree Top Walk im Valley of the Giants entlang.

*Die Landschaft bringt den Reisenden immer wieder zum Staunen.*

Die Mitchell Falls lohnen den Abstecher von der Gibb River Road.

# Kostbares aus Perlmutt

**Vor der nordwestaustralischen Küste haben reiche Austernvorkommen Broome bereits zu Beginn des 20. Jahrhunderts als Perlen-Metropole weltweit bekannt gemacht.**

Heutzutage muss niemand mehr nach Austern tauchen, um auf eine Perle zu stoßen. Zuchtbetriebe manipulieren die edlen Muscheltiere durch das Implantieren eines Fremdkörpers, um viele und möglichst kugelrunde Kostbarkeiten aus Perlmutt ernten zu können. Es kann Jahre dau-

Runde Perlen sind am wertvollsten.

ern, bis die Perlen herausgebildet werden. Oft auch wird der Fremdkörper abgestoßen, dann war alle Arbeit umsonst. Röntgenaufnahmen kontrollieren das Wachstum der Perlen, doch wie sie letztendlich tatsächlich beschaffen sind, zeigt sich erst beim Öffnen der Austern: Unregelmäßig geformte, die „Baroques", bringen nicht viel ein. Doch sogenannte „half pearls" gefallen.

gern „Nicky", „Puck" oder „Piccolo" genannt. Sie sind nicht gezähmt, aber dennoch ohne Scheu vor den Menschen, von denen sie hier noch nichts Böses erfahren haben.

## AUCH BROOME BOOMT

Die einsame Stadt am Indischen Ozean hat es tatsächlich geschafft: erst Perlen-Zentrum, jetzt Touristen-Metropole Dabei hatte selbst der Namensgeber Sir Frederick Napier Broome keinerlei Vertrauen in diesen Ort: „Nicht mehr als drei Gräber und ein paar Umherziehende", das war im 19. Jahrhundert auch Down Under nichts, worauf man stolz sein konnte. Perlentaucher schließlich sorgten für Aufschwung. Nicht immer freiwillig, denn viele Aborigines wurden gezwungen, ohne Ausrüstung auf dem Meeresgrund nach den seltenen Preziosen zu suchen. Später erledigten vor allem japanische Taucher die lebensgefährliche Arbeit. Viele der Taucher kamen bei ihrer Arbeit ums Leben, einige Hundert ruhen auf dem japanischen Friedhof der Stadt. Doch erst die in Japan entwickelte Technik der Perlenzucht bescherte der Küstenstadt diesen ebenso einträglichen wie krisensicheren Wirtschaftszweig.

Touristen dringen nur ab und an mal vor in die spannende Historie der Küstenstadt, deren multikulturelle Atmosphäre eher asiatisch denn westlich geprägt ist. Es lockt vor allem der berühmte Cable Beach. Der feinsandige Prachtstrand heißt so, weil hier von 1889 an die einstige Telegrafenleitung nach Südasien verlief.

Wer aber auf den Ruf der Wildnis hört, kehrt bald schon den mondänen Hotels am Cable Beach den Rücken, um sein Abenteuer in der dünn besiedelten Wildnis der Kimberley Ranges zu suchen.

**Maßstab 1:10.000.000**

0          250 km

7450

I N D I A N

O C E A N

820

*Sahul Shelf* *Timor Sea*

Scott
Reef

*Admiralty Gulf*
Bonaparte
Archipelago
*York Sound*

C. Londonderry
Joseph
Bonaparte
Gulf

Heywood Is.
Buccaneer
Arch.

Kalumburu

*Forrest*
*Riv.*
*Abor. Ld.*

Wyndham

Kununurra

Timber
Creek

C. Leveque

*Sunday Strait*

**03**

Beagle-Bay
Abor. Ld.

Collier Bay
Abor. Ld.

K i m b e r l e y

*Gregory*
*N.P.*

Broome

Derby

Mt. Ord
937

*King Leopold Ras.*

Fitzroy
Crossing

Mt. Hann
779

*Dpisdale Ra.*

Mt. Bedford
914

L. Argyle

*Ord Riv.*

Nicholson

Kalkaring

**04**

Halls
Creek

*Sturt Cr.*

La Grange

Wallal
Downs

Larrey Pt.

Sandfire Flat
Roadhouse

G r e a t   S a n d y

D e s e r t

Central

Montebello Is.

Dampier
Archipelago

Barrow I.

*Mary Anne Passage*

Port
Hedland

*De Grey Riv.*

Marble Bar

*Percival Lakes*

Balwina
Abor. Land

Abor. Land

*Desert*

Dampier

Roebourne

Nullagine

Telfer

L. White

*Millstream*
*Chichester*
*N.P.*

*Yandeearra*
*Abor. Land*

L. Mackay
Abor. Land

North West C

Onslow

Pilbara

*Hamersley*
*Range*

Wittenoom

*Rudall Riv.*
*Nat. P.*

L. Dora

L. Blanche

L. Mackay

Exmouth

Nanutarra
Roadhouse

1235
Mt. Frederick

*Walagunya*
*Abor. Land*

Central
L. MacDonald

Haasts Bluff
Abor. Land

Mt. Palgrave
700

Paraburdoo

Newman

*Jiggalong*
*Abor. Land*

L. Disappointment

North

*L. MacLeod*

West

*Kennedy*
*Range*
*N.P.*

*Ashburton Riv.*

*Collier Ra.*
*Nat. P.*

G i b s o n   D e s e r t

Mt. Madley
534

Gibson Desert
Nat. Res.

L. Hopkins

L. Amadeus

Petermann
Abor. Land

*Uluru N.P.*

Yu

Basin

*Gascoyne Riv.*

Mt. Augustus
1105

Mt. Gascoyne
789

Kumarina
Roadhouse

L. Burnside

Herbert
Wash

L. Gillen

Mt. Talbot

Aboriginal

Mt. Cockburn
1138

Stevensons
Peak
1319

8t

**02**

Carnarvon

*Francois*
*Peron*
*N.P.*

Gascoyne
Junction

W e s t e r n

L. King

L. Carnegie

L. Wells

Warburton
623

Mt. Squires
705    Land

Amata

*Shark Bay*

*Geographe Channel*

Wooramel
Roadhouse

Mt. Hale
732

*Hope Riv.*

Wiluna

L. Way

*Tomkinson Ras.*

Mt. Sir Thomas

*Pitjantjatjara*
*Aboriginal Land*

Mt. Kint

1070

Dirk Hartog I.

Denham

Overlander
Roadhouse

*Murchison R.*

A u s t r a l i a

Meekatharra

G r e a t

*Zuytdorp Cliffs*

Twin Peaks

Dalgaranga
Hill
652

L. Austin

Mount
Magnet

Sandstone

Agnew

*Abor.*
*Land*

*Nat. Res. Neale Junction*

Yeo L.

Nat. Res.

V i c t o r i a   D e s e r

*Geelvink Chan.*

*Kalbarri Nat. P.*

Ajana

Northampton

Yalgoo

Leonora

Cosmo
Newbery
Mission

Laverton

L. Carey

*Great Victoria*
*Desert*
*Nat. Res.*

*Maralinga - Tjarutja*
*Abor. Land*

Geraldton

L. Barlee

Menzies

L. Minigwal

Jubilee L.

L. Maurice

Maralin

Dongara

Morawa

Paynes
Find

L. Moore

*Plumridge*
*Lakes*

L. Rebecca

L. Maurice

Eneabba

Wubin

Koolyanobbing

Kalgoorli

*Cundeelee*
*Abor. Land*

N u l l a r b o r   P l a i n

Badgingarra

Pithara

L. Lefroy

Deakin

Cervantes

Moora

Goomalling

Merredin

Southern
Cross

Coolgardie

L. Cowan

Zanthus

Rawlinna

Loongana

*Eucla Basin*

*Nullarbor N.P.*

**01**

PERTH

Fremantle

Northam

*The Johnston*
*Lakes*

Norseman

Balladonia
Motel

Eucla
Motels

Head
of Bight

Mandurah

Kulin

*Darling Ra.*

Williams

Narrogin

L. Dundas

*Dundas Nat. Res.*

Pt. Culver

*Twilight*
*Cove*

*Nuytsland Nat. Res.*

Bunbury

Collie

Wagin

Lake Grace

F. Hann
N. P.

Salmon
Gums

Tower Pk.
524

G r e a t

*Geographe Bay*

C. Naturaliste

Busselton

Kojonup

Jerramungup

Ravensthorpe

Esperance

*Cape Arid Nat. P.*

Israelite Bay
Cape Pasley

Augusta

C. Leeuwin

Bridgetown

Manjimup

Mount
Barker

1110

*Stirling Ra.*
*N.*

*Esperance*
*Bay*

C. Knob

*Fitzgerald River*
*Nat. P.*

*Archipelago*
*of the Recherche*

A u s t r a l i a n   B i g h

*Flinders Bay*
*D'Entrecasteaux*
*Nat. P.*

Walpole

Bald
Head

Albany

5428

# Infos

# Auf der entlegenen Seite des Kontinents

**Immer mehr Touristen entdecken den ca. 3000 Kilometer langen Küsten-Highway als verlässlichen Weg zur Sonne. Zwischendurch wird die lange Fahrt auf scheinbar endlosem Asphaltband angenehm unterbrochen: von hübschen Weingütern, erstaunlichen Naturphänomenen, fotogenen Sonnenuntergängen und von Perth.**

## 01 PERTH

Die Hauptstadt des Bundesstaates Western Australia verwöhnt mit sonnigem Wetter und urbanen Annehmlichkeiten. Nichts in der dicht bebauten, gut gelaunten City lässt erahnen, dass nur wenige Hundert Kilometer außerhalb leere Wüstenei beginnt. Vielmehr entführt der zur Mündung hin expandierende Swan River zu Yachthäfen vor luxuriösen Wohnvierteln, um sich bei Fremantle in den Indischen Ozean zu ergießen. „Freo", wie der lebenslustige Vorort von Perth genannt wird, fungiert erst seit Ende des 19. Jh.s als Seehafen.

### Sehenswert

Im **Aquarium of Western Australia** im Norden der Stadt lässt ein knapp 100 m langer, durchsichtiger Unterwassertunnel Mantarochen, Haie und Meeresschildkröten die Besucher umkreisen. Ein tolles Erlebnis, nicht nur für Kinder (Hillarys Boat Harbour, West Coast Dr., Hillarys, tgl. 10.00–17.00 Uhr).
Viele halten **Fremantle** für die Hauptattraktion von Perth. Tatsächlich hat der Vorort am Hafen (ca. 19 km südl.) viel zu bieten (siehe auch: Restaurants). Am Wochenende locken zusätzlich die **Fremantle Markets** unter dem Dach der 1897 eröffneten **Victoria Market Hall** (Fr.–So.) auf die Hauptflaniermeile im Zentrum. Wer sich für die spannende Historie der Hafenstadt interessiert, sollte weder am ursprünglich 1831 als Gefängnis errichteten **Round House** (10 Arthur Head Rd., tgl. 10.00–15.30 Uhr) noch am **Arts Centre and History Museum** (Ecke Ort/Finnerty St., tgl. 10.00–17.00 Uhr) vorbeigehen.

### Museen

Die kulturellen Attraktionen der Stadt konzentrieren sich im Perth Cultural Centre: In der **Art Gallery of Western Australia** ist die Sammlung mit Aborigines-Kunst hervorzuheben, das **Perth Institute of Contemporary Art** (ab 9.30 Uhr) geht mit zeitgenössischer Kunst mutige Wege und das **Western Australian Museum** (tgl. 9.30–17.00 Uhr, www.museum.wa.gov.au) vereinigt abwechslungsreiche Ausstellungen zu Natur und Geschichte (Northbridge, James St. Mall, tgl. Führungen). Das Thema Seefahrt steht im Mittelpunkt des **Western Australia Maritime Museum** in Fremantle (ab 9.30 Uhr).

### Aktivitäten

Warum nicht Fahrräder mieten, um den 400 ha großen **Kings Park** mit den angeschlossenen **Botanic Gardens** zu erkunden? Die herrlichen Grünanlagen an den Hängen des Mount Eliza bescheren tolle Ausblicke auf Stadt und Fluss, vor allem vom **Kings Park Lookout** und vom **DNA Observation Tower**. Fahrradverleih am Parkplatz/Fraser Avenue oder in der Stadt: About Bike Hire, Point Fraser Reserve (Causeway Carpark), 1–7, Riverside Dr., www.aboutbikehire.com.au, Tel. 08/92 21 26 65).
An den **Barrack Street Jetties** beginnen Bootsausflüge auf dem **Swan River**, sowohl flussaufwärts – in die malerische Weinregion des **Swan Valley** mit rund 80, vielfach kleinen Kellereien rund um das Dörfchen Guildford –,

Tipp

## Zu Gast in der Kellerei

Einige Kellereien in und um **Margaret River** betreiben nebenher ein Restaurant und servieren ein delikates Essen, in der Regel als Lunch. Die Hauptgerichte beginnen jeweils bei 30 A$: Im **Voyager Estate** nehmen die Gäste im gediegenen Speisesaal unter Kronleuchtern an blank polierten Holztischen Platz: Südafrikanische Atmosphäre in Westaustralien, fantasievolle Küche, tolle Weine (Stevens Rd., www.voyagerestate.com.au). Die Architektur von **Leeuwin Estate** setzt auf kühle Eleganz. Die Weine sind preisgekrönt wie das Restaurant (Stevens Rd., www.leeuwinestate.com.au). **Vasse Felix** war das erste kommerzielle Weingut der Region. Weder das anspruchsvolle Menü noch die umfangreiche Weinkarte enttäuschen. Schöner Blick über weite Rebenfelder vom Obergeschoss aus.

*Cowaramup, Ecke Caves/Harmans Rd. South, www.vassefelix.com.au*

als auch flussabwärts zum Hafen von Fremantle (z. B. Captain Cook Cruises, Tel. 08/93 25 33 41, www.captaincookcruises.com.au). Auch die Fähren zu den Stränden der 18 km entfernten Ferieninsel **Rottnest Island** legen hier ab (Baley's Marine Group, Tel. 08/94 21 58 88, www.rottnestexpress.com.au).

### Veranstaltung

Jawohl, das älteste Kultur-Event der Südhalbkugel findet im jungen Westen statt: Beim **UWA Perth International Arts Festival** mischen sich im Februar drei Wochen lang Konzert, Theater, Ballett, Musical, Film und Ausstellungen mit vielen Straßenkünstlern (www.perthfestival.com.au, Tel. 08/64 88 20 00).

### Hotel

Der schicke Apartment-Komplex €€ **The Sebel Residence** (60 Royal St., Tel. 08/92 23 25 00, www.mirvachotels.com.au) mit diversen Restaurants befindet sich flussnah am östlichen Rand der Innenstadt. Die großzügigen Zimmer bzw. Suiten bieten Kochgelegenheit, die meisten schöne Blicke auf den Swan River. 57 Zi.

### Restaurants

Im €€ **Fraser's Restaurant** (Fraser Ave/Kings Park, Tel. 08/94 81 71 00) ist die Küche „modern australisch" und der Fisch besonders gut. Toller Blick auf Park und Stadt.
€ **Cicerello's** (44 Mews Rd., Fremantle, Tel. 08/93 35 19 11) ist ein traditionsreiches Fish'n-Chips-Restaurant (seit 1903) – und eines von vielen weiteren Restaurants, die sich an der Fisherman's Wharf befinden).

### Umgebung

260 km nördlich von Perth, wo die Distanzen zwischen den Ansiedlungen spürbar größer werden, lohnt die Dünenlandschaft der Pinnacles Desert im **Nambung National Park**. Auch ohne Geländewagen kann man auf der 5 km langen Sandpiste hindurchfahren, sehr schön früh morgens oder im weichen Licht der untergehenden Sonne. Unterkünfte und Restaurants befinden sich nur 20 km nördlich in der Ortschaft **Cervantes**. Eigentlich paradox, die Küste 340 km hinter sich zu lassen, um am **Wave Rock** westlich von Perth auf dem Trockenen zu landen. Aber die scheinbar zu Granitfels erstarrte Riesenwelle bei Hyden ist mit 15 m Höhe und 110 m Länge ein echter Hingucker. Austretende Mineralien bewirken illustre Farbenspiele. Rund 320 km südlich recken bei Walpole die Bäume im **Valley of the Giants** ihre Stämme bis zu 90 m hoch in den Himmel. An der Küste südlich von Perth schwören ambitionierte Surfer auf die Wellen zwischen **Yallingup** und **Cape Leeuwin**. Ruhige Strandabschnitte zum Schwimmen findet man eher bei

# Infos

cen populären Seebädern **Busselton** und **Dunsborough**. Nur wenige Kilometer landeinwärts ebnet die Cave Road überirdisch den Weg zu unterirdischen Abenteuern: ein paar Hundert Tropfsteinhöhlen reihen sich hier aneinander, besonders faszinierend die farbig illuminierte **Jewel Cave** (tgl. Führungen 9.30 bis 16.00 Uhr) nördlich von Augusta aus. Die Siedlung **Margaret River** lockt mit exzellenten Weingütern in schönster Umgebung. Besucherströme müssen alljährlich im Mai beim **Margaret River Wine Region Festival** durchgeschleust werden.

## Information

*Western Australia Visitor Centre, Ecke Forrest Place/Wellington St., Perth, Tel. 08/94 83 11 11 od. 1800 81 28 08, www.westernaustralia.com, www.experienceperth.com*

## 02 MONKEY MIA

Ein längerer Abstecher vom küstennahen North West Coastal Highway belohnt mit einem tierischen Erlebnis: Im stillen Wasser der Shark Bay kommen beinahe nach Stundenplan wilde Delfine zum Strand, um Menschen aus der Hand zu fressen. Die Bucht liegt im Süden des berühmten Ningaloo Reef, von dem Taucher und Schnorchler schwärmen.

### Sehenswert

Im **Hamelin Pool** haben die ältesten Lebewesen schon 3,5 Mrd. Jahre überdauert: Mikroben bilden hier Kalkablagerungen. Erläuternde Ausstellungen bietet die alte **Telegraph Station** (tgl. 8.30–16.30 Uhr) nebenan (ausgeschildert an der Straße nach Monkey Mia). Etwas weiter nördlich schmückt der 60 km lange **Shell Beach** mit Millionen weißer Herzmuschel-Schalen die Shark Bay.

### Hotel

Aus dem Bett und gleich auf den Strand fallen, um den Delfinen ihr Frühstück auszuhändigen, gehört in dem €/€€€ **Monkey Mia Dolphin Resort** (Monkey Mia Rd., Tel. 08/99 48 13 20 oder 1800 65 36 11, www.monkeymia.com.au, mit Campingplatz) zum Alltag.

### Umgebung

Etwa 150 km nördlich beginnt das **Ningaloo Reef ▶TOPZIEL**, dessen Korallengärten sich von Coral Bay bis zum North West Cape erstrecken, eine märchenhafte, ca. 260 km lange Unterwasserwelt dicht vor der Küste. **Coral Bay** und **Exmouth** – die beiden Seebäder stehen als Ausgangspunkte für Tauch- und Schnorchel-Ausflüge zur Wahl. Zwischen März und

Juni bekommt man weit vor der Küste bis zu 18 m lange, aber harmlose Whale Sharks (Walhaie) zu Gesicht. Gut 400 km östlich liegt der **Karijini National Park** mit seinen Schluchten.

## Information

*Information Centre im kleinen Shopping Centre Coral Bay, Tel. 08/99 42 59 55 Visitor Centre, Murat Rd., Exmouth, Tel. 08/ 99 49 11 76, www.australiascoralcoast.com*

## 03 BROOME

Die meisten Besucher der tropischen Küstenstadt landen weich am **Cable Beach,** wo sich

Tipp

### Auf Höckern unterwegs

Am Ende der Tour kriegt jedes der Kamele in der Regel eine Möhre zu fressen. Egal ob die Touristen auf ihrem Höcker einen sensationellen Sonnenuntergang erlebt haben oder nicht. Am Cable Beach enttäuscht das allabendliche Naturschauspiel außerhalb der Regenzeit zwar selten, aber garantieren können die Veranstalter der Camel Safari nichts. Und so zieht die ganze Karawane am späteren Nachmittag hoffnungsvoll durch den weichen Sand: im Passgang die Dromedare hintereinander mit Appetit auf frisches Gemüse und obendrauf, schwankend, Touristen, den Horizont am Indischen Ozean fest im Auge. Nachdem die Vorfahren der australischen Kamele mit zunehmender Motorisierung als Lastentiere ausgedient hatten, wurden viele in den Wüsten des Outback sich selbst überlassen. Heute leben ca. 700 000 wilde Kamele auf dem Kontinent.

*Einstündiger Camel Sunset Ride 65 A$, Broome Camel Safaris, Tel. 041/9 91 61 01, www.broomecamelsafaris.com.au*

recht luxuriöse Hotel- und Appartementanlagen breitmachen.

### Sehenswert

Nur im 6 km entfernten Zentrum an der mangrovengesäumten **Roebuck Bay** ist etwas von der exotischen Atmosphäre aus den frühen Tagen der Perlenfischer erhalten. Chinatown lädt mit kleinen Läden in geduckten Häusern zum Bummel ein, Kneipen und Musik-Lokale öffnen, sobald der Abend ein wenig Kühlung bringt. Überwältigend ist das Angebot an Süßwasserperlen in den zahlreichen Geschäften.

### Museen

Hier wandelt man auf den Spuren der Perlentaucher: **Pearl Lugger Museum** mit zwei restaurierten Perlentaucherbooten im Wasser (31 Dampier Tce., www.pearlluggers.com.au, Führung: Mo.–Fr. 11.00 u. 14.00, Sa., So. 11.00 Uhr), **Broome Historic Museum** mit seiner reichen Foto- und Dokumentensammlung (67 Robinson St., Mo.–Fr. 10.00–16.00, Sa., So. 10.00–13.00, Okt.–Mai 10.00–13.00 Uhr), der **Japanese Cemetery** (Frederick St.) mit über 900 Gräbern.

### Veranstaltungen

Das **Shinju Matsuri** (Festival of Pearl) erinnert über 10 Tage im August mit japanischen Traditionen an die Perlen-Historie der Stadt (versch. Locations in Broome). **Staircase to the Moon** ist ein himmlisches Naturspektakel zwischen März und Oktober, wenn in der Roebuck Bay bei Ebbe besonders viel Meeresboden frei liegt und deshalb in klaren Nächten das Licht des aufsteigenden Vollmonds vom feucht-geriffelten Watt reflektiert wird. Als lebhafte Tribüne für die strahlende „Treppe zum Mond" fungiert der Town Beach mit einem Nachtmarkt und wohlriechenden Imbiss-Ständen.

### Hotels

Am Traumstrand Cable Beach befinden sich Adressen wie €€€ **Cable Beach Club Resort,** Tel. 08/91 92 04 00, www.cablebeachclub.com und €€/€€€ **Bali Hai Resort,** 6 Murray Rd., Tel. 08/91 91 31 00, www.balihairesort.com.

### Restaurant

Tapas, Meeresfrüchte, moderne Küche von früh bis spät in €€ **The Old Zoo Café,** 2 Challenor Dr. (Cable Beach), Tel. 08/91 93 62 00, www.zoocafe.com.au/ .

### Einkaufen

Die Auslagen der Juwelierläden glänzen vor Perlenschmuck und poliertem Perlmutt. Schön ist, was gefällt! Wegen des Überangebots sind die Preise günstiger als anderswo. Qualität aus eigener Zucht findet man u. a. bei **Paspaley Pearls** (2 Short St.; östl.), der ersten australi-

DuMont Aktiv

Wie im Wilden Westen: Farm bei Derby

schen Pearl Farm überhaupt, sowie auf der **Willie Creek Pearl Farm** (38 km nördlich von Broome, www.williecreekpearls.com.au), einem Outlet am Cable Beach (2 Challenor Dr., Old Zoo Complex).

## Information
*Visitor Centre, 1 Hamersley St., Broome, Tel. 08/91 95 22 00, www.broomevisitorcentre.com.au*

## 04 KIMBERLEY

Eine Region dreimal so groß wie England – doch in Kimberley leben vielleicht gerade mal 40 000 Menschen. Von Broome aus führt der Great Northern Highway nach Osten an die Peripherie der ungezähmten Wildnis.

### Sehenswert
Tiefer hinein sollte man sich nur mit 4WD und entsprechender Outdoor-Ausrüstung wagen – auch auf die unbefestigte **Gibb River Road,** die ab Derby über ca. 660 km mitten durch die Kimberleys verläuft und nach Regenfällen oft unpassierbar ist. Überhaupt eignet sich nur die Trockenperiode von Mai bis November für Ausflüge abseits des Highway. Dort trifft man auch auf die **Baobab Trees** (Affenbrotbäume) mit ihren breiten Stämmen. Selbst der beliebte **Purnululu National Park** mit seinen Bungle-Bungle-Hügeln wird während der Regenzeit für Besucher gesperrt. Dann führen allenfalls Rundflüge das Naturphänomen vor Augen (ab Broome z. B. Northwest Regional Airline, Tel. 08/91 92 13 69, www.northwestregional.com.au). Wer über kein 4WD-Fahrzeug verfügt, sollte sich auf jeden Fall geführten Landausflügen anschließen (z. B. Kimberley Adventure Tours ab Broome, 08/91 91 26 55 und 1800 08 33 68, www.kimberleyadventures. com.au).

### Information
*siehe Broome. Und: Die deutsche Auswanderin Birgit Bradtke hat einen detaillierten Travel Guide über die Kimberleys geschrieben. Infos unter www.kimberleyaustralia.com*

# Date mit Delfinen

*An den Küsten Westaustraliens kann Mensch den Meeressäugern verblüffend nah kommen. In Schwärmen durchziehen die verspielten Tiere die Koombana Bay südlich von Perth.*

Mitarbeiter des Dolphin Information Centre am Strand von Monkey Mia beaufsichtigen die Fütterung, ein Touristenspektakel. Die Delfine schwimmen in der Shark Bay ganz nah an den Strand, um sich von Hand füttern zu lassen. Sie schnappen dort sehr vorsichtig, beinahe zärtlich, nach dem hingehaltenen Fisch.

Die Delfine kommen bis an den Strand.

### MIT DELFINESKORTE
Auch rund 1000 Kilometer weiter südlich, in der Koombana Bay bei Bunbury, ist Delfin-Beobachtung Sache ehrenamtlicher Helfer des hiesigen Dolphin Discovery Centre. Wenn es mit einer der beliebten Bootstouren hinausgeht in die

Ganz schön neugierig ...

Bucht, kann Delfine abzulichten zur Leidenschaft werden. Denn bald taucht neben der Reling der erste Schwarm in übermütigen Sprüngen auf, jeder Besuch erscheint wie eine willkommene Abwechslung. Das Boot stoppt und prompt schwimmen ein paar Delfine neugierig heran. Wer vorne am Bug steht, kann manchmal den vernarbten Rücken eines Tieres deutlich sehen – schuld ist der Zusammenprall mit einem Jet-Ski.

### WEITERE INFORMATIONEN

**Monkey Mia:** Delfin-Fütterung zwei- bis dreimal tgl., kostenfrei DEC Dolphin Information Centre, Tel. 08/99 48 13 66, www.dec.wa.gov.au, www.sharkbay.asn.au oder www.discoverwest.com.au
**Shark Bay:** Segeltörns mit Delfin-Beobachtung: Monkey Mia Yacht Charters, Tel. 08/99 48 14 46, www.monkey-mia.net
**Koombana Bay:** Delfinbeobachtung mehrmals tgl., Dauer: ca. 1,5 Std., ab 53 A$ (inkl. Eintritt ins Discovery Centre): Dolphin Eco Cruises, Tel. 08/97 91 30 88, www.dolphindiscovery.com.au

# Service

## ANREISE

Etwa 15–19 Stunden ist man von Mitteleuropa aus nach Australien im Flugzeug unterwegs. Die meisten Airlines fliegen über die Ostroute (Emirate, Asien), die Streckenführung über Los Angeles ist zu teuer und wegen der US-Einreisevorschriften kompliziert. Der Hin- und Rückflug über Asien kostet ca. 1000 bis 1200 Euro inkl. der hohen Kosten für Steuern, Gebühren und Kerosinzuschläge. Vergleichen Sie sorgfältig die Preise: Einige Fluggesellschaften (z.B. Vietnam Airlines und Emirates) erlauben 30 „kostenlose" Kilogramm Gepäck in der Economy Class, bei anderen Airlines sind es nur 20 bis 23 Kg. Bei Qantas können günstig Inlandsflüge in das internationale Ticket inkludiert werden. Ein weiterer möglicher Spartipp: Preiswerte Hin- und Rückflüge von Europa in asiatische Metropolen lassen sich über das Internet mit Anschluss-Buchungen australischer oder asiatischer Billigflieger kombinieren (www.jetstar.com, www.tigerairways.com, www.flyscoot.com, www.virginaustralia.com). Achten Sie auf großzügige zeitliche Übergänge bei Anschlußflügen, denn Sie müssen beim Stopover mit Gepäck ein- und wieder ausreisen. Die Auswirkungen des Jet Lag, der „Störung des inneren Rhythmus", kann man lindern, indem man sich sofort nach der Ankunft in Down Under dem neuen Tagesrhythmus anpasst. Am Ankunftstag sollte keine Autofahrt auf dem Programm stehen. Infos: www.austra lien-info.de/check liste-fluglinienauswahl.html, www.wotflight.com (Flugangebote innerhalb Australiens).

## AUSKUNFT/ADRESSEN/INTERNET

### Tourism Australia
Neue Mainzer Straße 22, 60311 Frankfurt/Main, Tel. 069/2740060, www.australia.com/de, www.nothinglikeaustralia.com/de

### Australian Embassy
Wallstraße 76–79, 10179 Berlin, Tel. 030/88 00 88-0, www.germany.embassy.gov.au
Visaanfrage: Tel. 030/700 129 129, Mo., Mi., Fr. 9.00–12.00, Mo.–Do. 13.00–17.00, Fr. 13.00 bis 16.00 Uhr, visaquestions.berlin@dfat.gov.au

### Deutsche Botschaft (in Australien)
119 Empire Circuit, Yarralumla, Canberra
Tel. 02/62 70 19 11,
www.germanembassy.org.au,
www.australia.diplo.de

### Österreichische Botschaft
12 Talbot Street, Forrest, Canberra
Tel. 02/62 95 15 33, www.austria.org.au

### Schweizer Botschaft
7 Melbourne Avenue, Forrest, Canberra,
Tel. 02/61 62 84 00,
www.eda.admin.ch/australia

### Australien-Infos im Internet
www.australia.gov.au (offizielle Webseite der australischen Regierung)
www.australien-info.de (umfassende und aktuelle Informationen vor und während der Reise inkl. eines kostenlosen Newsletters)
www.exploroz.com (Touren-Tipps im Outback)

## Geschichte

**Etwa 50 000 v. Chr.** Aborigines erreichen über eine Landbrücke bei Papua Neuguinea den Kontinent.

**17. Jh.** 1606 sichtet der Holländer Willem Jansz die heutige „Cape York Peninsula" und geht an Land, 1642 entdeckt der Holländer Abel Tasman eine Insel und nennt sie „Van Diemen's Land" (Tasmanien).

**1770** Der Engländer James Cook erreicht auf der „Endeavour" die Botany Bay (bei Sydney). Am 22. August nimmt er auf Possession Island (bei Cape York) die Ostküste für King George III. in Besitz.

**1788** Die „First Fleet" erreicht den Kontinent. 548 Männer und 188 Frauen, allesamt Sträflinge aus England, verlassen die Schiffe. Wenige Tage später, am 26. Januar (heute Nationalfeiertag), wird die britische Flagge gehisst.

**1793** Die ersten Siedler treffen ein.

**1803** Der Kontinent heißt „New Holland", als Matthew Flinders beginnt, eine Küstenkarte zu erstellen. Von Flinders erhält Australien dann seinen Namen: Terra Australis.

**1901** Sechs Kolonien (Queensland, New South Wales, Tasmania, Victoria, South Australia und Western Australia) bilden das „Commonwealth of Australia". Die Zahl der Aborigines (zu jener Zeit 60 000) ist seit der Ankunft der Europäer auf ein Fünftel gesunken.

**1915** Im Kampf an der Seite der Engländer verlieren am 25. April über 8000 Australier der ANZAC-Truppe (Australian and New Zealand Army Corps) im türkischen Gallipoli ihr Leben. Der 25. April ist heute ANZAC-Day, ein nationaler Feiertag.

**1928** Die Royal Flying Doctors nehmen ihren Dienst auf.

**1939** Australien steht treu an der Seite der Alliierten im Zweiten Weltkrieg.

**1973** Großbritannien tritt der EG bei, Australien verliert den wichtigsten Exportmarkt. Von nun an orientiert es sich in Richtung Asien.

**1993** Mit dem Urteil des Obersten Gerichtshofes bekommt der Aborigine Eddie Mabo den Besitz der Murray-Inseln in der Torres Strait zugesprochen. Damit räumt die australische Rechtsprechung ein, dass sich der Kontinent vor der Besiedlung durch Europäer sehr wohl in festem Besitz (der Aborigines nämlich) befunden hat. Immer mehr Ländereien werden fortan an Aborigines-Stämme zurückgegeben, meist nach langen Streitigkeiten.

**1999** Die australische Regierung beschließt eine Volksabstimmung zu der Frage, ob Australien 2001 eine Republik werden soll. Die Mehrheit entscheidet sich dagegen.

**2000** Am 15. September werden in Sydney die Olympischen Spiele eröffnet.

**2007/2008** Premier Kevin Rudd von der Labor Party findet das jahrzehntelang immer wieder geforderte Wort „sorry", Entschuldigung, für die teils grausamen Behandlungen und Erniedrigungen der Aborigines durch die weißen Einwanderer.

**2010** wird Julia Gillard die erste Premierministerin Australiens.

**2012** Kein gutes Zeugnis für Australien: Der World Wildlife Found (WWF) platziert den Kontinent auf den siebten Platz derjenigen Länder, die die Umwelt am meisten belasten.

www.australien-links.de (Verbindungen zu anderen Aussie-Websites, stellenweise veraltet, aber doch nützlich)
www.buslines.com.au: Auflistung aller Verkehrsmittel in Australien.
www.communityguide.com.au: ähnlich wie die Gelben Seiten, übersichtlicher gegliedert.
www.archivenet.gov.au: Zugang zu den meisten Archiven in Australien.
www.bom.gov.au: Perfekter Service rund ums Wetter Down Under.
www.csu.edu.au/australia: Informative Seite

Frühstück mit erkennbar britischer Note: im Stillwater Café in Launceston

der Charles Sturt University für Touristen.
www.news.com.au: Aktuelle Nachrichten aus Australien.
www.newspapers.com.au (alle Online-Angebot australischer Zeitungen)
www.abc.net.au: Seite des „öffentlich-rechtlichen" TV- und Radiosenders Australiens.

## AUTOFAHREN

In Australien benötigt man einen Internationalen Führerschein, der nur in Verbindung mit dem nationalen Führerschein gilt. Der Mietwagen sollte auf jeden Fall über eine Klimaanlage verfügen, ein Auto mit Allradantrieb (4WD) benötigt man nur für unasphaltierte Strecken im Outback. Legen Sie die Reiseroute vor der Anmietung weitgehend fest und erkundigen Sie sich, ob die (unbefestigten) Strecken mit dem Leihwagen befahren werden dürfen. Schließen Sie unbedingt eine Versicherung ohne Selbstbeteiligung ab. Die Mitgliedschaft in einem deutschen Automobilclub garantiert auch Hilfeleistungen durch den australischen Partnerclub (Ausweis nicht vergessen). Mit dem Wohnmobil kommt man gut durch den Kontinent, geländegängige Reisemobile sind allerdings sehr teuer und für zwei Personen oftmals eng. Speziaveranstalter in Deutschland haben die besseren Preise. Die größten Vermieter sind www.maui.com.au, www.apollo-camper.com und www.keacampers.com. Es wird links gefahren, im Kreisverkehr gilt rechts vor links. Die erlaubte Höchstgeschwindigkeit liegt bei 100 km/h, stellenweise auch bei 110 km/h, im Northern Territory streckenweise bei 130 km/h. Alle Fahrzeuginsassen müssen angegurtet sein, für Motorrad- und Fahrradfahrer besteht Helmpflicht. Die Alkoholgrenze liegt bei 0,5 Promille. Telefonieren während der Fahrt ist verboten. Fußgänger auf dem Zebrastreifen haben Vorrang.

## EINREISE

Von Deutschen, Österreichern und Schweizern wird ein Besuchervisum verlangt (Aufenthalt bis drei Monate), das die australische Botschaft, aber auch die Fluggesellschaften bzw. das Reisebüro bei der Buchung (meist) kostenlos ausstellen. Weitere Infos über die Electronic Travel Authority/ETA) unter www.immi.gov.au. Der Reisepass sollte am Tag der Einreise noch mindestens drei, bei Stops in Südostasien mindestens noch sechs Monate lang gültig sein. Bisweilen wird bei der Einreise auch das Rückflugticket kontrolliert sowie der Nachweis ausreichender finanzieller Mittel für den Aufenthalt gefordert.

## ELEKTRIZITÄT

Die Stromspannung beträgt 240 Volt/50 Hertz. Sie benötigen einen Steckdosenadapter für die dreipoligen Flachstecker, der etwa in Elektro- oder Koffergeschäften erhältlich ist.

## ESSEN UND TRINKEN

Einwanderer aus allen Teilen der Welt haben kulinarisch ganze Arbeit geleistet. An den Küsten wird besonders reich und delikat aufgetischt. Wo gleich vor der Haustür das Meer frischen Fisch, Austern und Krustentiere liefert und nebenan in rauen Mengen saftige Früchte und knackiges Gemüse gedeihen, hat die Kunst der Köche leichtes Spiel. In den Ballungszentren Melbourne und Adelaide kommen selbst anspruchsvollste Feinschmecker auf ihre Kosten. „Modern Australien" heißt die angesagte Küche, die Rezepturen aus allen Teilen der Welt kombiniert. Groß ist der Einfluss asiatischer Rezepturen. Typisch australisch: Bush Tucker. Im Brotkorb liegt dann „Damper", ein Weißbrot, wie es einst von Jackaroos und Drovern den australischen Cowboys, am Lagerfeuer im Outback gebacken wurde.
Zur preiswerteren Verköstigung gibt es überall Schnellrestaurants: „Take Aways" heißen sie, weil man dort auch „Speisen zum Mitnehmen" bestellen kann; dazu gesellen sich Fish & Chips-Buden, Hamburger-Ketten, chinesische Imbisse und japanische Sushi-Theken, die sich im Zuge fettarmer Ernährung zunehmender Nachfrage erfreuen. Preiswert auch sogenannte „Counter Meals", die in ländlichen Gasthäusern – vor allem im Outback – als solide Hausmannskost über den Tresen („counter") gereicht werden. Gewöhnungsbedürftig für Europäer: Gerne Sa./So., auf jeden Fall an Feiertagen erheben die Restaurants einen Preisaufschlag von 10 bis 15 Prozent.

## FEIERTAGE UND FESTE

1. Januar – Neujahrstag (ist aber auch am folgenden Werktag ein Feiertag); 26. Januar – Australia Day (Nationalfeiertag); Mitte März – Labor Day (WA/TAS/VIC); Karfreitag und Ostermontag; 25. April – Anzac Day (Kriegsgedenktag); 1. Mai – Labor Day (QLD/NT); Zweiter Montag im Juni – Queen's Birthday (außer WA, Ende Sept.); Anfang/Mitte Oktober – Labor Day (NSW/ACT/ SA); 25. Dezember – Christmas Day; 26. Dezember – Boxing Day
Fällt ein Feiertag auf einen Samstag oder Sonntag, wird er am darauffolgenden Montag „nachgefeiert". Einige Bundesstaaten haben eigene Feiertage. Schulferien sind normalerweise Mitte Dezember bis Ende Januar, zwei Wochen nach Ostern, zwei Wochen Ende Juni/Anfang Juli und zwei Wochen im September/Oktober

## GELD

Währung ist der Australische Dollar (A$). Reiseschecks und Bargeld können Sie in den Banken wechseln, die Gebühren sind teilweise hoch. Sehr verbreitet sind Kreditkarten (auch in Supermärkten, nicht selten werden in Geschäften und bei Autovermietungen Aufschläge erhoben (ca. 2 Prozent), die Kreditkartenbank berechnet zudem den Auslandseinsatz. Mit der EC-Karte kann man preiswerter an Bankautomaten Geld abheben. Erkundigen Sie sich bei Ihrer Hausbank, mit welchen australischen Banken sie zusammenarbeitet und fragen Sie auch, wie viel Geld Sie pro Tag bzw. pro Kalendermonat abheben dürfen.
Achtung: Neue Versionen der EC-Karte mit Chip ohne Magnetstreifen eignen sich nicht zur Bargeldabhebung.

# Service

## GESUNDHEIT

Der medizinische Standard in Australien entspricht dem in Europa – zumindest in den Ballungsgebieten entlang der Küste. Für Reisen ins Outback sollten Sie auf jeden Fall eine kleine Notfallapotheke (Verbandszeug, Jod etc.) zusammenstellen. Wenn Sie gesetzlich versichert sind, schließen Sie zu Hause unbedingt eine Reisekrankenversicherung ab, in der auch ein medizinisch notwendiger Rücktransport eingeschlossen sein muss. Privatversicherte sollten ebenfalls prüfen, ob sie ausreichend abgesichert sind (z. B. bei einer Reisedauer über 6 Wochen). Impfungen sind nicht vorgeschrieben. In einigen nordöstlichen Gebieten Australiens (z. B. Townsville, Cairns) kann Dengue-Fieber, übertragen durch einen Mückenstich, auftreten. Die Symptome entsprechen denen einer schweren Grippe. Keine Angst vor gemäßigtem Sonnenbaden: Das Land hat zwar die höchste Hautkrebsrate der Welt, aber die Nachfahren hellhäutiger Einwanderer von den britischen Inseln haben der starken Sonneneinstrahlung auf dem „schwarzen Kontinent" auch wenig Haut-Schutz entgegenzusetzen. Beim Schnorcheln im Wasser verhindert ein T-Shirt einen gefährlichen Sonnenbrand. Apotheke heißt „chemist", Deutsch sprechende Ärzte vermitteln die Botschaften und Konsulate.

## RAUCHVERBOT

Jeder Staat hat unterschiedlich strenge Rauchverbote, aber überall ist das Rauchen in Kneipen, Restaurants sowie in Flughäfen, öffentlichen Einrichtungen (z. B. Casinos) verboten. Queensland und Tasmanien haben die strengsten Gesetze. In Tasmanien ist selbst das Rau-

Besser (Boule-)Sport als Nikotin

chen im Auto verboten, wenn Passagiere unter 18 Jahren mitfahren.

## REISEZEIT

Australien ist fast zu jeder Jahreszeit ein Reiseziel. Zwischen Oktober und April findet man das angenehmste (Sommer-)Klima im Südosten vor. Auch der Südwesten und Perth sind dann lohnende Reiseziele. Der Westen oberhalb des Wendekreises des Steinbocks (Capricorn) wie das Northern Territory einschließlich des Red Centre und der übrigen Outback-Regionen sind zwischen April und Oktober ideal zu bereisen. Zwar sind die Tage kürzer, das Klima aber ist angenehmer und nicht mehr schwül-warm mit teils heftigen Regenfällen.

## REISEN IM LAND

**Mit dem Flugzeug:** Die Konkurrenz unter den Airlines ist groß, das hält die Preise niedrig. Buchungen im Internet sind einfach und werden mit Kreditkarte abgewickelt. Man druckt das e-ticket aus und zeigt beim Check-in seinen Ausweis. Achtung: Die Gepäck- und Stornobestimmungen der Airlines sind streng. Infos: www.jetstar.com, www.virginaustralia.com.au, www.tigerairways.com. Regionale Fluggesellschaften (z. B. www.rex.com.au) verkehren innerhalb der Bundesstaaten.

**Mit Bahn und Bus:** Im Vergleich zu den Flugpreisen sind derartige Fahrten keine Schnäppchen. Der Interstate-Busverkehr wird dominiert von Greyhound (Tel. 1300 47 39 46, www.greyhound.com.au). Lange Bahnreisen (z. B. „The Ghan" oder „Indian Pacific") sollten im Voraus gebucht werden – will man nicht auf einen Platz im Liegewagen verzichten (www.trainways.com.au). Infos: www.buspass.de, www.explorer-fernreisen.com (zum Austrailpass/Bahnpass, im Heimatland zu kaufen).

## RESTAURANTS

Die Angaben zu Restaurants, die in diesem Band bei den jeweiligen Orten aufgeführt sind, beziehen sich auf die angeführte Einteilung.

### Preiskategorien

für ein Hauptgericht

| | | |
|---|---|---|
| €€€ | Fein | über 24 € (über 28 A$) |
| €€ | Mittel | 17–24 € (20–28 A$) |
| € | Preiswert | bis 17 € (20 A$) |

## SOUVENIRS

Alles, was „Made in Australia" ist, kann als „gutes Souvenir" bezeichnet werden. Die Auswahl an Opalen, T-Shirts und Stofftieren ist gigantisch. Kunsthandwerk der Aborigines (Malereien, Didgeridoos, Bumerangs) erstehen Sie am besten in Aboriginal Art Galleries in Alice Springs oder auch in Darwin.
Gut einkaufen können Sie in Australien Bademoden, Wollpullover und Outdoor-Bekleidung. Wer für über 300 A$ in einem (!) Geschäft einkauft, kann auf die als Handgepäck (!) mitgeführte Ware am TRS-Schalter des Flughafens die Mehrwertsteuer geltend machen und bekommt ca. 10 Prozent des Warenwertes auf seine Kreditkarte zurückerstattet.

## SPRACHE

Englisch – das mit dem Schulenglisch nichts zu tun hat. Der australische Dialekt ist ein Genuschel in atemberaubender Geschwindigkeit und wird als „strine" (gesprochen „strein") bezeichnet – was man wiederum mit einem ge-

Bequem unterwegs mit dem Indian Pacific in Richtung Perth

nuschelten „Australian" vergleichen kann. Zudem ist der Abkürzungsfimmel der Aussies gewöhnungsbedürftig: „Barbie" steht für Barbeque, „mozzies" sind Moskitos etc.

## TELEFON

**Notruf** für Feuerwehr, Ambulanz und Polizei: 000

**Vorwahl** nach Australien: 0061. Für Telefonate von Australien ins Ausland: 0011, dann den Ländercode ohne Null (Deutschland „49", Österreich „43", Schweiz „41"), die Vorwahl der Stadt ohne Null, die Rufnummer. An den meisten öffentlichen Fernsprechern können Sie nur Telefonkarten benutzen (gibt es z. B. im Zeitschriftenhandel oder an Tankstellen). Über ein Dutzend Gesellschaften bieten internationale Calling Cards an, mit sehr niedrigen Tarifen (ca. 0,10 A$/Min.). In Australien können Sie Kunde eines „pre paid Mobile Service" werden, d. h. Sie tauschen nur die SIM-Karte in Ihrem Mobiltelefon (Dual Band) aus und bekommen sofort eine eigene australische Nummer nebst Mailbox. Erkundigen Sie sich bei Ihrem Mobilfunkanbieter nach den Roaming-Gebühren. 1800er-Rufnummern sind innerhalb Australiens gebührenfrei.

## TRINKGELD

„Tipping" wird in Australien nicht unbedingt erwartet, man lehnt ein Trinkgeld in Restaurants aber auch nicht mehr ab. Die Service Charge ist meist in den Preisen enthalten und die Höhe des Tips sollte sich nach dem Grad der Zufriedenheit richten. Im Taxi wird auf einen „geraden" Dollar-Betrag aufgerundet.

## UNTERKÜNFTE

### Preiskategorien

| €€€ | DZ | über 180 € (über 210 A$) |
|-----|-----|--------------------------|
| €€  | DZ | 120–180 € (140–210 A$) |
| €   | DZ | bis 120 € (bis 140 A$) |

Die Angaben zu Hotels, die in diesem Band bei den jeweiligen Orten aufgeführt sind, beziehen sich auf die angeführte Einteilung.

**Hotel, B&B, Motel:** Wenn Sie in Australien nach einem „Hotel" fragen, kann es sein, dass man Ihnen den Weg zum örtlichen Pub weist. Besser ist die Bezeichnung „Accomodation" oder „Motel". Die australischen Autoclubs halten „Accomodation Guides" bereit, einen B & B-Führer gibt's in Buchhandlungen. Viele Motels liegen an den Haupteinfallstraßen der Städte. In der Hochsaison (Dezember/Januar) kann es an den Ferienorten entlang der Küste zu Engpässen kommen. Meist profitieren Sie von günstigen „Stand-by rates", wenn Sie nach der „best available rate" fragen. Es ist durchaus üblich, sich das Zimmer zuvor zeigen zu lassen. Ab 30 Tage vor Datum der Übernachtung kann man sehr einfach und preiswert bei www.wotif.com.au oder www.stayz.com.au Hotelzimmer buchen. Beachten Sie bei Buchungen über das Internet aber unbedingt die oft teuren Storno-Bedingungen. Gute Hotelbeschreibungen bei www.tripadvisor.com und

**Geografische Lage:** Der rd. 7,69 Mio. km² große Kontinent liegt auf der Südhalbkugel zwischen Indischem und Pazifischem Ozean. Australien ist der sechstgrößte Staat der Erde, vergleichbar mit der Fläche der USA ohne Hawaii und Alaska. Die Hauptstadt ist Canberra (400 000 Einwohner), zu den größten Städten gehören: Sydney (4,7 Mio.), Melbourne (4,2 Mio.), Brisbane (2,1 Mio.), Perth (1,8 Mio.) und Adelaide (1,3 Mio.).

**Landesnatur:** Das westaustralische Tafelland, das große Sandwüsten sowie den Uluru (Ayers Rock) umfasst, nimmt beinahe den halben Erdteil ein. Angrenzend erstreckt sich in Nord-Süd-Ausrichtung die mittelaustralische Senke, die am Eyre-Salzsee 17 m unter dem Meeresspiegel liegt. Im Südosten steigt die parallel zur Küste verlaufende Great Dividing Range zum Mt. Kosciuszko, dem mit 2228 m höchsten Berg des Kontinents, an. Von den Inseln vor der 25 760 km langen Küstenlinie ist Tasmanien mit 68 400 km² die größte.

**Bevölkerung:** Ca. 23 Mio. Menschen leben in Australien, etwa ein Viertel der Bevölkerung Deutschlands. Auf einen km² kommen statistisch nur 2,5 Einwohner. Nach wie vor sind die meisten europäischer Abstammung, am deutlichsten steigt die Zahl der Australier mit Wurzeln in Asien. Der Anteil der Aborigines beträgt ca. 2,5 Prozent. Knapp 65 Prozent sind Christen, davon gehören die meisten der römisch-katholischen Kirche an, dicht gefolgt von der anglikanischen Hochkirche. Landessprache ist Englisch.

**Wirtschaft:** Bodenschätze und Agrarprodukte bestreiten weitgehend den Export. Australien liefert weltweit die größten Mengen an Rindfleisch und Wolle. Auch bei der Edelsteinförderung nimmt die Nation eine führende Position ein. So kommen 95 Prozent aller Opale von Down Under.

**Politik:** Eine parlamentarische Demokratie mit der englischen Königin als Staatsoberhaupt regiert das Land. Australien ist Mitglied des Commonwealth. Die Bundestaaten und Territorien teilen sich mit eigenen unabhängigen Parlamenten die Verwaltung.

# Service

www.australianbedandbreakfast.com.au. Und für Farmaufenthalte: www.agritourismaustralia.com.au.
**Backpacker:** Diverse Backpacker-Organisationen bieten Rucksackreisenden einfache Unterkünfte an, z. B. www.nomadsworld.com oder www.vipbackpackers.com, Infos zu Jugendherbergen unter www.yha.com.au.

## ZEIT

Australien gliedert sich in drei Zeitzonen:
Eastern Standard Time (EST, New South Wales, Canberra, Victoria, Tasmania, Queensland, MEZ +9 Std.),
Central Standard Time (CST, South Australia, Northern Territory, MEZ +8,5 Std.) und
Western Standard Time (WST, Western Australia, MEZ +7 Std.).
Während der Sommerzeit (Daylight Saving zwischen Ende Oktober und Anfang April) werden in allen Staaten Australiens die Uhren eine Stunde vorgestellt – außer im Northern Territory und in Queensland.

## ZOLL

Streng wird darauf geachtet, dass keine pflanzlichen oder tierischen Produkte eingeführt werden. Mit dem Inkrafttreten der neuen Zollbestimmungen am 1. September 2012 dürfen neben der Reiseausrüstung für erkennbar persönlichen Gebrauch pro Person noch 50 Zigaretten oder 50 Gramm Tabakprodukte zollfrei eingeführt werden (das gilt auch für Duty-Free-Einkäufe). Allgemeine Güter (Geschenke, Kameras, elektronische Ausrüstung) dürfen im Wert bis zu 900 A$ zollfrei eingeführt werden.

Wenn Sie mehr als 10 000 A$ Bargeld (umgerechnet auch in anderer Währung) ein- oder ausführen, müssen Sie dies angeben. Die wichtigsten Zollfreigrenzen bei der Wiedereinreise ins europäische Heimatland, nach Deutschland, Österreich und in die Schweiz: 200 Zigaretten, 1 Liter hochprozentiger Alkohol oder 4 Liter Wein, Geschenke bis 430 Euro pro Person.

Das Washingtoner Artenschutzabkommen verbietet die Einfuhr von Produkten, die aus geschützten Tieren hergestellt sind. Weitere Infos: www.customs.gov.au, www.zoll.de

## Wetterdaten

### Melbourne

|  | TAGES-TEMP. MAX. | TAGES-TEMP. MIN. | TAGE MIT NIEDER-SCHLAG | SONNEN-STUNDEN PRO TAG |
|---|---|---|---|---|
| Januar | 27° | 14° | 5 | 9 |
| Februar | 26° | 15° | 4 | 8 |
| März | 25° | 13° | 6 | 7 |
| April | 21° | 10° | 6 | 6 |
| Mai | 16° | 7° | 9 | 4 |
| Juni | 13° | 5° | 8 | 4 |
| Juli | 13° | 4° | 9 | 4 |
| August | 14° | 5° | 11 | 5 |
| September | 16° | 7° | 10 | 6 |
| Oktober | 19° | 8° | 9 | 7 |
| November | 23° | 10° | 8 | 7 |
| Dezember | 25° | 12° | 6 | 8 |

Weißer Strand und große Steinbrocken – die schöne Wine Glass Bay im Freycinet National Park

## Impressum

**2. Auflage 2013**
© DuMont Reiseverlag, Ostfildern

**Verlag:** DuMont Reiseverlag, Postfach 3151, 73751 Ostfildern, Tel. 0711/4502-0, Fax 0711/4502-343, www.dumontreise.de
**Geschäftsführer:** Dr. Thomas Brinkmann, Dr. Stephanie Mair-Huydts
**Programmleitung:** Birgit Borowski
**Redaktion:** Robert Fischer (www.vrb-muenchen.de)
**Text:** Bruni Gebauer und Stefan Huy
**Exklusiv-Fotografie:** Clemens Emmler
**Titelbild:** age fotostock / LOOK-foto (Pinnacles im Nambung National Park)
**Zusätzliches Bildmaterial:** dpa/AAP Image/Dean Lewins 30 unten rechts, dpa/AAP Image/Alan Porritt 30 oben links, 31 oben links, dpa/AAP Image/Mick Tsikas 31 oben rechts, dpa/Paul Mayall 97 Mitte, dpa/Thomas P. Widmann 97 unten, 97 oben, laif/Franco Barbagallo 100 oben, 111 Mitte, laif/Regina Bernes 52, laif/Kristensen 35 oben, laif/Catherine Jouan et Jeanne Rius_Jacana 86 unten, Look/age fotostock 51 unten, Look/Hauke Dressler 4 unten links, 8/9, 16/17, 18/19, 45 unten, Look/Franz Marc Frei 20, Look/Don Fuchs 36, Look/Per-Andre Hoffmann 66, Look/Karl Johaentges 44, 51 oben, 81 Mitte, mauritius images/ACEO 81 oben, mauritius images/age 103, mauritius images/Alamy 40 oben und unten, 65 oben, 111 unten rechts, mauritius images/Axiom Photographic 98, mauritius images/Dirk von Mallinckrodt 111 oben rechts, mauritius images/STOCK4B 81 unten; Riverland, South Australia 70, © SATC 92 unten; Trakmaster, Australien (www.trakmaster.com.au) 92 oben; Bruni Gebauer und Stefan Huy 3 unten, 93 oben und unten
**Textquellen:** Bruce Chatwin, Traumpfade, Frankfurt am Main, 14. Aufl. 2009, S. 104 (hier S. 105)
**Grafische Konzeption, Art Direktion:** fpm factor product münchen
**Layout:** CYCLUS · Visuelle Kommunikation, Stuttgart
**Kartografie:** © MAIRDUMONT GmbH & Co. KG, Ostfildern
**DuMont Bildarchiv:** Marco-Polo-Straße 1, 73760 Ostfildern, Tel. 0711/4502-266, Fax 0711/4502-1006, bildarchiv@mairdumont.com

Für die Richtigkeit der in diesem DuMont Bildatlas angegebenen Daten – Adressen, Öffnungszeiten, Telefonnummern usw. – kann der Verlag keine Garantie übernehmen. Nachdruck, auch auszugsweise, nur mit vorheriger Genehmigung des Verlages. Erscheinungsweise: monatlich.

**Anzeigenvermarktung:** MAIRDUMONT MEDIA, Tel. 0711/4502333, Fax 0711/45021012, media@mairdumont.com, http://media.mairdumont.com
**Vertrieb Zeitschriftenhandel:** PARTNER Medienservices GmbH Postfach 810420, 70521 Stuttgart, Tel. 0711/7252-212, Fax 0711/7252-320
**Vertrieb Abonnement:** Leserservice DuMont Bildatlas, Zenit Pressevertrieb GmbH, Postfach 810640, 70523 Stuttgart, Tel. 0180/5727252-265 Fax 0180/5727252-333, dumontreise@zenit-presse.de
**Vertrieb Buchhandel und Einzelhefte:** MAIRDUMONT GmbH & Co KG, Marco-Polo-Straße 1, 73760 Ostfildern, Tel. 0711/4502-0, Fax 0711/4502-340
**Druck und buchbinderische Verarbeitung:** NEEF + STUMME premium printing GmbH & Co. KG, Wittingen, Printed in Germany

Faszination Thailand – nicht zuletzt auf dem Schwimmenden Markt in Damnoen Saduak spürt man sie.

# THAILAND

### Schillernde Metropole
In Bangkok liegen heilige Stätten und pulsierendes Nightlife nah beieinander.

### Reich der Bergvölker
Viele Völker im Norden des Landes haben ihren traditionellen Lebensstil beibehalten.

### Buddhismus
Die tragende Kraft im Land.

Kaum verlässt man Dresden in Richtung Südosten, so wachsen bizarre Felsen in den Himmel.

# DRESDEN ·
# SÄCHS. SCHWEIZ

### Diva an der Elbe
Mit zahlreichen barocken Herrlichkeiten kann Dresden aufwarten.

### Aktiv unterwegs
Stadtrundgänge, Wanderungen und die schönsten Radtouren.

### Ein blaues Wunder
Die lohnendsten Ziele in Dresdens Umgebung.

# Lieferbare Ausgaben

www.dumontreise.de